AF383273

Herausgeber Christian Boldt

Vorträge der Detlefsen-Gesellschaft

Band 18

Im Auftrag der Detlefsen-Gesellschaft

Das Erscheinen dieses Bandes wurde ermöglicht durch die finanzielle Förderung unserer Sponsoren:
Stadtwerke Glückstadt

Sparkasse Westholstein, Filiale Glückstadt

Prof. Dr. Wilt Aden Schröder
Elke Witt
Gisela Nehls

Bibliografische Information der Deutschen Nationalbibliothek: Die Deutsche Nationalbibliothek verzeichnet diese Publikation in der Deutschen Nationalbibliografie; detaillierte bibliografische Daten sind im Internet über www.dnb.de abrufbar.

Redaktions- und Bezugsadresse
Christian Boldt M.A.
An der Au 11
25376 Borsfleth

Layout und Satz: Claudia Boldt
Herstellung und Verlag: BoD – Books on Demand, Norderstedt
ISBN: 9783741284021

Inhalt

Vorwort

Liebe Freundinnen und Freunde der Detlefsen-Gesellschaft,
die Detlefsen-Gesellschaft Glückstadt legt zum 18. Mal ihre „Vorträge"
dem geneigten Leser vor. Unserem Ziel, die Erforschung der Geschichte
unserer engen und weiteren Region zu fördern und die Forschungsergebnisse einem interessierten Publikum vorzustellen, kommen wir auch
mit der vorliegenden Publikation wieder einen Schritt näher.

2017 wird ein besonderes Jahr für die Stadt Glückstadt. 400 Jahre
wird die von König Christian IV. gegründete Stadt alt. Die Detlefsen-
Gesellschaft wird sich mit einer Festschrift, Vorträgen und Führungen
an diesem besonderen Jubiläum beteiligen. Weitere Projekte sind, wie
auf der Mitgliederversammlung besprochen, in Planung (Neue Reihe
über bauhistorische Forschungen im Kreis Steinburg und Quellen zur
Geschichte der Elbmarschen).

Seit 1921 besteht die Gesellschaft und hat in dieser Zeit etwa 600
Vorträge gehalten und an vielen Publikationen zur Regionalgeschichte
mitgearbeitet. Es waren Mitglieder der Detlefsen-Gesellschaft, die am
Heimatbuch für den Kreis Steinburg 1923 mitwirkten und die die Publikation in drei Bänden „Glückstadt im Wandel der Zeiten" maßgeblich
voranbrachten. Auch die meisten Beiträge zur Glückstädter Geschichte wurden von Mitgliedern unserer kleinen Gesellschaft erbracht. Dies
soll und wird so bleiben. Aber der Versuch, die Resultate der Forschung
bleibend zu machen, muss scheitern, wenn das Projekt nur durch die
Mitglieder finanziert werden soll. Wir brauchen auch eine Reihe von
Förderern, die ebenso wie wir der Meinung sind, dass Regionalgeschichte, die Geschichte unserer Heimat, zur Schaffung einer regiona-
len Identität beiträgt.

Unsere „Vorträge" richten sich zwar nicht an ein Massenpublikum,
aber sie bewahren wie ein wachsender Schatz viele Erkenntnisse für uns
und die kommenden Generationen. Das ist uns und unseren Förderern
wichtig. Unsere Gesellschaft will weiter daran arbeiten, die Geschichte
der Stadt Glückstadt und ihrer Umlandgemeinden, aber auch der holsteinischen Elbmarschen insgesamt verständlich zu machen und darzu-

stellen. Dazu braucht sie Mitglieder und Freunde. An beiden mangelt es zum Glück nicht, doch könnten wir von beiden mehr gebrauchen.

Unser Dank gilt den ehrenamtlichen Referenten und den Förderern der Detlefsen-Gesellschaft.

Borsfleth im Juli 2016   *Christian Boldt M.A.*

Der Tiermaler August Schenck (1821–1900) – Ein Glückstädter in Frankreich – Hommage á Geerd Spanjer (1905–1992)

H.-Peter Widderich

‚Jeder Besucher des Glückstädter Rathauses wird sich über das dort befindliche große und schöne Ölbild des aus Glückstadt stammenden Tiermalers August Schenck freuen, das uns nicht nur in seinem Motiv ‚Schafe im Schneesturm' und seiner Ausführung menschlich anzurühren vermag, sondern auch Zeugnis ablegt für das überdurchschnittliche Können dieses Malers [...]‘[1] So leitete Geerd Spanjer einen 1965 erschienen Artikel ein.

Das Gemälde ‚Schafe im Schneesturm' kam 1907 als Geschenk in Schencks Heimatstadt. Damals berichtete Dr. A. H. [das ist Dr. Adolph Halling] in der ‚Glückstädter Fortuna': ‚Durch die großherzige Freigebigkeit und das pietätvolle Empfinden einer Dame ist unserem Glückstadt in diesen Tagen ein Geschenk geworden, welches die Stadt zur Besitzerin eines Kunstwerkes ersten Ranges macht. Es handelt sich um ein Gemälde von der Hand des verstorbenen Malers A. Schenck, welches die Witwe, Frau Louise Schenck in Ecouen, der Geburtsstadt des Verewigten zugewendet hat, zur Erinnerung an ihren Gemahl, der als einer der bedeutendsten Tiermaler bekannt ist. [...] möge sein Andenken in Glückstadt in Ehren bleiben, welches ihn zu den besten seiner

1   *Geerd Spanjer, ‚Über den Tiermaler August Schenck und sein Sippenkreis (nach Glückstädter Archivalien). In: Die Heimat, Aug. 1965.*

Links: Schafe im Schneesturm, Glückstadt Rathaus (Foto: Delf Gravert). Rechts: August Schenck,(Foto: Archiv Widderich).

Söhne zählt.'[2] Witwe Schenck bot Glückstadt damals zwei Gemälde zur Auswahl an, die Wahl fiel auf ‚Schafe im Schneesturm'. Das zweite Bild erhielt die Kieler Kunsthalle.

Trifft Spanjers Vermutung, dass jeder Besucher des Rathauses sich über das Kunstwerk ersten Ranges freut noch zu? Wie ist es heute um Dr. Hallings Hoffnung bestellt Schencks Andenken möge in Glückstadt in Ehren gehalten werden? Das Gemälde ‚Schafe im Schneesturm' hängt nach wie vor in der oberen Rathausdiele. Nach 1945, soweit ich es übersehe, gab es hier folgende Veröffentlichungen: 1967 hielt Spanjer vor der Detlefsen-Gesellschaft den Vortrag ‚August Schenck und sein Sippenkreis'. 1990 habe ich den Mitgliedern und Freunden des Detlefsen-Museums kurze Hinweise auf August Schenck gegeben und 1991 über ein neues Schenck-Bild für das Detlefsen-Museum im Steinburger Jahrbuch 1991 berichtet. 2002 stellten Druckmedien das zweite Schenck-Bild für das Detlefsen-Museum vor. In der ‚Norddeutschen Rundschau' veröffentlichte Tania Schlie 2012 ‚Eine Herde, zwei Künstler'. Das ist in fast 70 Jahren nicht viel! Einige überörtliche Veröffentlichungen liegen von Geerd Spanjer und Lilli Martius vor. Was gibt es noch? Diese Frage trieb mich an. Vom Rathaus-Bild ausgehend wollte ich möglichst viel über den Maler aus Glückstadt herausbekommen. Einiges war mir be-

---

2   *Dr. A.H. [d.i. Dr. Adolph Halling], ‚August Schenck'. In: Glückstädter Fortuna, 24.3.1907. Weiterhin: Halling.*

kannt, aber es müsste weiteres hinzukommen, vor allem Bildbeispiele. Dafür ist ein kleines Netzwerk von Vorteil. Unser Vorsitzender, Christian Boldt, stellte mir Bildbeispiele aus dem Internet zur Verfügung. Junge Leute können so etwas. Aber das war für mich Motivation selbst auf die Suche nach Abbildungen und Hinweisen zu gehen, z.B. über die kleine französische Stadt Ecouen, dem Wohnort Schencks. Das Internet deutete Interessantes an, das allerdings Kontakt erforderte. Aber Deutsch sei in Frankreich nicht besonders beliebt, sagt man und Plattdeutsch können die Franzosen auch nicht. Es halfen Heinke und Norbert Meinert. Sie übersetzten vom Deutschen ins Französische und umgekehrt. Und Ecouen entpuppte sich als Schatzgrube. Dann erinnerte ich mich an Spanjers Vortrag von 1967, an den Inhalt leider nicht. Es wäre deshalb gut hätte ich Spanjers Vortrags-Manuskript zur Hand. Wie schon oft konnten Ruth und Hans-Reimer Möller ein Fenster öffnen. Sie gaben mir eine alte, Gott sei Dank noch gültige Adresse von Spanjers Tochter. Auf meine Anfrage erhielt ich postwendend Nachricht. Die führte nach Kiel zur ‚Schleswig-Holsteinischen Landesbibliothek'. Dort fand ich im Spanjer-Nachlaß tatsächlich ein Schenck-Konvolut. Der Vortrag war dabei! Für Schencks Familiengeschichte, aber nicht nur dafür, war mir glücklicherweise die Spanjer-Quelle sehr hilfreich. Deshalb widme ich Geerd Spanjer, dem eifrigen Schenck-Forscher diesen Vortrag.

Spanjer war von 1942 bis gegen Kriegsende Hüter des Glückstädter Stadtarchivs, das sich damals im Ratssaal befand. Dort stand auch Schencks Schafsbild. ‚Vor diesem Bild stand ich damals jeden Morgen erst einige Minuten und hielt stille Zwiegespräche. [...] die Fragen und Probleme die damals auftauchten, haben mich nicht mehr losgelassen. [...]'[3] Was er erforschte präsentierte er u.a. 1967 in Glückstadt.

Mit diesem Rüstzeug, es kamen noch viele weitere Informationen hinzu, entwickelte ich ein, gewiss hier und da unvollständiges, aber, wie ich finde, überaus buntfarbiges, aus vielen Mosaiksteinen zusammengesetztes Schenck-Bild. Zu Ehren August Schencks breite ich dieses Mosaik jetzt aus.

---

3   Geerd Spanjer, ‚Der Tiermaler August Schenck und sein Sippenkreis'. Vortrag vor der Detlefsen-Gesellschaft Glückstadt e.V. 1967. Weiterhin: Spanjer 1967 (Typoskript: SH-Landesbibliothek, Kiel).

Spanjer begann seinen Vortrag mit Johann Jochim Schenck, dem Vater des Malers, der als 29-jähriger Schiffszimmergeselle aus Altona nach Glückstadt kam und 1795 das Bürgerrecht erhielt. Er war zunächst Kleiderseller, Kleiderhändler, dann Schankwirt und Kaufmann und wohnte bei der Witwe Riefenstahl in der Gr. Deichstraße. Später kaufte er das Haus. (Anmerkung: In der Volkszählung 1803 ist Johann Jochim Schenck, als Hausvater, der mit neuen Kleidungsstücken handelt, mit einem Sohn, einer Tochter und [Dienst-] Mädchen Christine Gransau zu finden. Die Adresse war: Am Hafen 13. Damals hieß die Straße ‚Am Deich‘.)

Vater Schenck war in erster Ehe mit Dorothea Hüll oder Hüllen verheiratet. Aus dieser Ehe stammten 5 Kinder. In zweiter Ehe heiratete er Christina oder Stina Gransau aus Horst (auch Gransow oder Granso), die 1803 als Mädchen genannt wurde. Dazu bemerkte Spanjer: ‚Diese zweite Frau wird dann die Mutter des Malers. Und diese zweite Eheschließung war sicher eine ausgesprochene Liebesheirat, denn große materielle Glücksgüter konnte er nicht von ihr erwarten. [...] Voreilige Schlüsse auf eine eventuelle Mussheirat brauchen nicht gezogen zu werden.‘ (Spanjer 1967)

Aus dieser zweiten Ehe gingen 4 Söhne hervor. Johann Jacob wurde Kaufmann in Nottingham, England. Julius Sigismund blieb als Kaufmann und Senator in Glückstadt. ‚[Er] muss als Stadtverordneter und Senator einen recht großen Einfluss in Glückstadt ausgeübt haben. Ob er charakterlich zu den erfreulichsten Erscheinungen gehört hat, steht auf einem anderen Blatt. Eine kleine Episode aus seinem Leben mag das beleuchten [...] Julius Sigismund Schenck wohnte in Glückstadt in jener kleinen Seitenstraße des Jungfernstieges, die damals den nicht gerade erfreulichen Namen ‚Ehebrechergang‘ trug, ob nach irgendwelchen fragwürdigen Damen oder als Verstümmelung aus ‚Ebräergang‘ lasse ich dahingestellt. [...] Genug, dem Herrn Senator behagte jene ominöse Anschrift verständlicherweise nicht, und er beantragte in der Sitzung der städtischen Kollegien vom 20.4.1871, die Straße umzubenennen. [...] Aber nun kommt der Pferdefuß, und, ‚nur die Lumpen sind bescheiden‘, dachte wohl Senator Schenck. Er beantragte nämlich nicht nur die Umbenennung an sich, sondern ersuchte von sich aus, die Straße künftig ‚Schenckplatz‘ zu nennen, angemerkt ‚Schenckplatz‘, nicht

‚August-Schenck-Platz' nach seinem großen Bruder!' (Spanjer 1967)
Später wurde der Schenckplatz zur Schenckstraße, die heute im Zusammenhang mit August Schenck genannt wird.

Ein dritter Bruder des Malers, Joachim Christian, ließ sich als Advocat in Elmshorn, und zeitweise in Kiel nieder. Er war mit Luise Vollert verheiratet, deren Bruder war der Großvater des berühmten Bildhauers und Schriftstellers Ernst Barlach. Ehepaar Schenck in Elmshorn hatte 7 Kinder, darunter Luise, die sich als Schriftstellerin einen Namen machte. Auf Ernst Barlach und Luise Schenck komme ich noch zurück.

Last but not least zum Jüngsten aus der schenckschen Kinderschar: August Friedrich Albrecht, unseren Maler. Er wurde am 23. April 1821 in Glückstadt geboren und am 26. April 1821 getauft. Vater Schenck war inzwischen ein ehrbarer Kaufmann und hatte honorige Paten gewählt: Herr Apotheker Johann August Karl Strube, Herr Senator Johann Nicolaus Friedrich Herfurth und Herr Rektor Jacob Philipp Albrecht Jungclaussen.[4] Spanjer bemerkt: ‚wobei die Beifügung des Wörtchens ‚Herr' im Taufregister schon ohnehin andeutet, dass es sich um ‚Standespersonen' handelt. (Spanjer 1967) Zunächst besuchte August die Glückstädter Bürgerschule, kam dann in das Bockendahlsche Institut in Flottbek und wurde mit 15 zu seinem Bruder nach Nottingham in England geschickt, um Kaufmann zu lernen und seine Erziehung zu vollenden. (Halling)

Danach zog August Schenck, einer aus Glückstadt, in die Welt hinaus. Er tourte als ‚Weinreisender' durch Deutschland, durch Russland und landete in Portugal auf einem offenbar einträglichen Pfad. Soweit, so gut! Aber nach 5 Jahren verließ er Portugal und reiste, er war inzwischen um die Dreißig, nach Paris. Das war nicht nur ein Wechsel von Portugal nach Frankreich, sondern auch vom Wein zu Pinsel und Palette. In Paris ließ er sich nämlich überraschenderweise zum Maler ausbilden. Dieser Wechsel fiel allerdings nicht ganz plötzlich vom Himmel, denn schon als Kind hatte er ‚sehr geschickt gezeichnet und skizziert, zur Belustigung seiner Genossen, zur Freude seiner selbst.' (Halling) In Paris, das Beste ist gerade gut genug, wählte er für die Ausbildung eine Maler-Koryphäe. Er wurde Schüler von Leon Cogniet (1794–1880), der damals ein bedeutender Historien- und Porträtmaler des Neoklassizismus und der Romantik sowie Professor an der École des Beaux Arts war.

4   *Taufregister Glückstadt 1821.*

Dass Schenck von Cogniet als Schüler akzeptiert wurde, lässt auf besonderes Können schließen. Der Metier-Wechsel und die Wahl des Lehrers zahlten sich aus. Schenck, ein Glückspilz mit Fingerspitzengefühl, wurde ein Star unter den Tiermalern seiner Zeit. Es ging zwar rasch bergauf, aber hier und dort lag auch ein Stolperstein im Weg. ‚Allein dem Künstler sollten Sorgen nicht erspart bleiben und gerade in dieser Zeit seiner Entwicklung traf ihn ein schwerer Schlag, der geeignet war, seine ganze Zukunft in Frage zu stellen: er ging eines Abends als wohlhabender Mann zu Bette und stand als ruinierter wieder auf; ein ungetreuer Geschäftsfreund, dem er nicht unerhebliche Summen anvertraut hatte, war mit dem Gelde davon gegangen. Damals hat Schenck Stunden der Ungewissheit, vielleicht der Verzweiflung durchgemacht; seine Ausbildung war noch nicht vollendet und er musste sich fragen, ob er zur Weinhandlung zurückkehren, oder seine Kunst Brot verdienen lassen solle, die ihm bis dahin nur Freude gemacht hatte. Allein Schenck ließ sich nicht entmutigen.‘ (Halling)

Bereits 1855, er war 34, debütierte er als Maler auf der allgemeinen Ausstellung in Paris mit dem Gemälde ‚Die Fruchtwiederverkäufer‘. (Halling)[5] Bereits 1857 beteiligte er sich an der schleswig-holsteinischen Jubiläumsausstellung.[6] Fortan nahm er in Paris an Ausstellungen mit Genrebildern teil, Bilder die Szenen aus dem Volksleben darstellen, beispielsweise mit ‚les Moissonneurs de Portugal‘ (Die portugiesischen Schnitter) und ‚sous les Pommiers‘ (Unter den Apfelbäumen) (Halling) Ein Tier tauchte in dem 1861 ausgestellten Gemälde auf: ‚Polnische Bauern von Wölfen angegriffen‘ (Halling) 1863 wurden die Gemälde ‚le pont vert‘ (Die grüne Brücke) und ‚Die Dorfstraße‘ vom Staat angekauft. Für das Bild ‚Die Raufe‘ von 1863 erhielt er eine Medaille. (Halling) Eine Raufe ist ein Gestell für Stroh, Heu oder Gras das für Tiere bereitgehalten wird. Der berühmte Schriftsteller Emile Zola stellte 1866 überrascht fest, wie sehr die Modelle den auf der Leinwand dargestell-

---

5   *Nachtrag: Im Katalog der Weltausstellung 1855 in Paris ist Schenck in der portugiesischen Sektion, als Schüler von Cogniet, mit dem Gemälde ‚Vendeurs de friuts d'Avintès, près Porto‘ ((Fruchtverkäufer von Avintes, in der Nähe von Porto) vertreten.*

6   *Lilli Martius, ‚Schleswig-Holsteinische Malerei im 19. Jahrhundert‘, Neumünster 1956, Neuauflage 1978. Weiterhin: Martius.*

ten Tieren ähneln. Er schrieb: ‚Schencks Rehe sind gut gezeichnet, sie bilden eine sehr hübsche Gruppe in einem genialen Werk. Ich frage mich nur, ob ihre Körper sich nicht kräftiger vom Schneehintergrund abheben müssen.‘[7] Man ahnt trotzdem, Schenck ist auf dem Weg nach oben.

Begonnen hatte er mit Historienmalerei, quasi im Fahrwasser seines Lehrers. Er griff auch Themen der Antike auf. Das Stadtarchiv Glückstadt bewahrt eine Notiz die auf folgendes Bild hinweist: ‚Aus der damaligen Zeit [Gemeint ist die Zeit des Studiums] stammt ein Bild, das er seinem Bruder, dem Senator Schenck widmete. Es stellt Galathea, die Göttin des Meeres dar wie sie auf ihrem von Seepferden gezogenen, von Tritonen und Nymphen begleiteten Muschelwagen über den stillen Spiegel des Ozeans dahinfährt.‘[8] Zu dieser Motivgruppe behört auch: ‚Das Urteil des Paris‘. Schenck nahm hier ein altes Thema auf und gab ihm ein zeitgenössisches Gewand: Drei hübsche portugiesische Bauernmädchen im wogenden Kornfeld vor dunkeläugigen Burschen, informiert uns Dr. Halling. Schon bald erweiterte er sein Repertoire um Darstellungen, die, wie erwähnt, der Genremalerei nahekommen, wie z.B. das letztgenannte Gemälde. Dieser Phase ist wohl auch das Gemälde zuzuordnen, das im Schnee tobende Kinder zeigt. Schon früh spezialisierte sich Schenck aber vorwiegend auf Tiermalerei. 1869 stellte er z.B. ‚tetes de chevau de course‘ (Köpfe der Rennpferde) aus.

Er bevorzugte aber Schafe, auf die er durch Aufenthalte in der Auvergne inspiriert worden war. Mit Schafbildern wurde er berühmt! Das ‚Tierstück‘ war in der 2. Hälfte des 19. Jahrhunderts ein gefragtes, d.h. gut verkäufliches Sujet. Die französische Malerin Rosa Bonheur (1822–1899), sie lebte zur gleichen Zeit wie Schenck, war damals unter den Tiermalern der Star. Aber August Schenck stand ihr nur wenig nach. ‚[…] die englischen Blätter verfolgten seine Ausstellungsobjekte mit besonderem Interesse, die Milliardäre Amerikas wurden seine Abnehmer.‘ (Halling)

Das Tierstück war besonders im 19. Jahrhundert, und teilweise bis in unsere Zeit populär, nicht nur in Frankreich. In Deutschland kannte

---

7   *‚Daniel Baduel/Aude Bertrand/Christian Dauchel, L'École d'Ècouen une colonie de peintres au XIX. Siècle‘, Ecouen 2012. Weiterin: Ecole Ecouen.*

8   *Hans Petersen. Maler August Schenck. Stadtarchiv Glückstadt, Sign. 1320.*

man Franz Krüger (1797–1857) als Pferdekrüger, der Entenmaler war Alexander Koester (1864–1932), Franz Marc (1880–1916) malte den ‚Turm der blauen Pferde‘, ‚Die gelbe Kuh‘ und andere Tierstücke. Beliebt waren und sind auch Tierplastiken, z.B. von August Gaul (1869–1921) oder Renée Sintenis (1888–1965), von der vor allem Kleinplastiken begehrt sind.

1850 heiratete Schenck die gebürtige Warschauerin Ludowika Stapaczinska. Um 1862 (Ecole Ecouen) ließ er sich in Ecouen nieder, einem kleinen Ort, etwa 20 km nördlich von Paris, an der Straße von Paris nach Calais. Warum Ecouen? Zum einen hatten Mitte des 19. Jahrhunderts viele bildende Künstler den Drang: Hinaus in die Natur. Zum anderen war Ecouen damals ein kleiner Ort mit etwa 1.000 Einwohnern, lag in einer Waldgegend und hatte ein Schloss (heute Nationalmuseum der Renaissance). Ecouen war prädestiniert Künstlerwünsche zu erfüllen. Mehrere Maler ließen sich dort nieder. Es entstand eine Künstlerkolonie. Außerdem wurde eine Malschule, die ‚Schule von Ecouen‘, gegründet, die Künstler anzog. Zwischen 1850 und 1900 sollen es mehr als 100 gewesen sein. U.a. hielten sich die auch heute noch bekannten Maler Charles Francois Daubigny (1817–1878), Camille Corot (1796–1875) und Mary Cassatt (1844–1926) in Ecouen auf. Der englische Schriftsteller, Maler, Kunstkritiker und Aufspürer von Talenten, John Ruskin (1814–1902), machte auf manchen Maler durch seine kritischen Artikel aufmerksam. ‚Für einige von ihnen kommt es in England und Amerika zum Durchbruch. […] Sie verdanken ihr internationales Ansehen der begeisterten Unterstützung John Ruskins.‘ (Ecole Ecouen)

Heute pflegt Ecouen das Andenken an die Maler der Künstlerkolonie zum einen durch Straßennamen. 1906 wurde aus der Rue de la Beauvette, in der sich Schencks Anwesen befand, die Rue Auguste Schenck. Zum anderen ehrt die Gemeinde ihre Maler mit einer Bildergalerie im Rathaussaal. An der repräsentativen Stirnseite des Saales hängt das Schenck-Bild ‚l‘Echir‘, dieser Titel ist ein Begriff aus dem Provencalischen und bedeutet kalter Nordostwind der die Berge der Auvergne mit Schnee bedeckt.

Mit diesem Gemälde hat sich Schencks Witwe bei der Gemeinde für die Straßenumbenennung bedankt. In der Kirche zu Ecouen hängt Schencks Gemälde ‚Lamm Gottes – Agnus die‘. 2012 gab das Eouener

Touristenamt das Buch ‚Die Schule von Ecouen, eine Malerkolonie des 19. Jahrhunderts‘ heraus. Darin werden über 40 Maler mit Werkabbildungen vorgestellt, darunter August Schenck mit 7 Abbildungen. Von Félix Justin Gardon wird u.a. das stimmungsvolle Gemälde ‚Le jardin de Madame Schenck‘ präsentiert.

Neben dem ausgedehnten Besitz in der Rue de la Beauvette unterhielt Schenck ein Atelier am anderen Ende des Ortes. ‚Ein riesiger Raum, wunderbar erhellt, inmitten der Felder‘, schrieb Jules Bastien-Lepage (1848–1887). (Ecole Ecouen) Auch Emile Zola hat Schenck besucht. ‚Vor uns wurde die Tür eines Stalles aufgestoßen, in dem Schenck einige seiner Modelle aufzog. Eine derartige Annäherung an das Werk des Malers war eine harte Prüfung: Es war ihm prächtig gelungen. Der Anblick des Stalles war das Gegenbild des Gemäldes.‘ (Ecole Ecouen) Die Zeitung ‚Die Presse‘ schrieb: ‚... mit zitterndem und abstehendem Schaffell, sehr bewegend, sehr ergreifend und sehr lebensecht.‘ (Ecole Ecouen) Und ‚Le Petit Journal‘ geht am 7.6.1875 in einer Lobrede noch darüber hinaus: ‚Der Künstler begnügt sich nicht nur mit der Darstellung des Schaffells, er ist auf der Suche nach dem Quäntchen Seele, die bei diesen bescheidenen Dienern des Menschen anzutreffen ist. Er versteht es ausgezeichnet, die Vertrautheit zu zeigen, die sich zwischen Tier [...] und Mensch einstellt; ebenso auch die Tragödie wiederzugeben, die die Laune der Natur, die das Tier in seiner einfachen Lebensstruktur nicht begreift, hervorruft.‘ (Ecole Ecouen) ‚Le Paris‘ schreibt: ‚Ein ausgezeichneter Arbeiter und sicherlich der größte Schafmaler unserer Zeit.‘ (Ecole Ecouen)

Maler Schenck etablierte sich schnell, aber so begeistert wie die amerikanischen Milliardäre waren die Ausstellungsjuroren nicht immer. ‚Seine Gedanken über manche Kritiker hat er übrigens in humoristischer Weise auf die Leinewand gebracht: ‚les curieuses‘ (Die Neugierigen – Gänse vor einer Staffelei), nennt er ein [...]Bild, welches mit 20.000 Frcs. angesetzt war. [...]1869 malte er ‚autour de l'auge‘ (Um den Trog)[9], ein Bild, welches ohne Zutun des Künstlers eine politische

---

9 *Nachtrag: Kieler Zeitung, 17. Januar 1901: In seinen [Schencks] Bildern liegt viel tiefer Sinn und reicher, lebensvoller Humor. Daß man das erkannte und ihnen selbst da eine Deutung gab, wo er sie nicht beabsichtigte, hat er verschiedentlich zu seinem Nachteil erfahren müssen. Es handelt sich unter Anderem*

*Oben: L'Echir (Kalter Nordostwind der die Berge der Auvergne mit Schnee be-
deckt) – Ecouen, Rathaushalle. Foto: Archiv Widderich/Internet. Unten: Mein
Schirm – (Foto: Archiv Widderich/Internet).*

Berühmheit erlangt hat. Kenner behaupteten nämlich, dass die Eselsköpfe menschliche Züge hätten und Phantasten erkannten sogar eine Porträtähnlichkeit. Zuerst wollte die Prinzessin Mathilde [das war eine Verwandte Napoleon III.] das schöne Bild kaufen, stand aber davon ab, weil man ihr sagte, die Köpfe sollten die Ratgeber des Kaisers Napoleon darstellen. Dann interessierte sich die Kaiserin von Oesterreich [also Sissi] dafür, doch auch sie verzichtete aus dem selben Grunde auf den Ankauf, um der gesuchten politischen Freundschaft keinen Grund zu Missverständnissen zu geben.' (Halling)

Schencks Tierdarstellungen lassen einen tierliebenden Menschen vermuten. Glücklicherweise gibt es dafür Hinweise von Zeitzeugen, die den Menschen August Schenck ins Blickfeld rücken. Zunächst eine Anekdote: Seine Brüder Christian, Advokat aus Elmshorn, und Julius, Kaufmann und Senator aus Glückstadt besuchten ihn. Gemeinsam wollten sie eine internationale Ausstellung in Paris besuchen. ‚[Schenck] auch in seiner äußeren Erscheinung, von mehr als gewöhnlicher Körpergröße [...], der Advocat und der Kaufmann, beide mehr als breit, über welche, wenn sie zusammen eine Droschke bestiegen, die Kutscher wehklagten: Oh, mon pauvre cheval! Oh, mein armes Pferd.' (Halling)

Die Schriftstellerin Luise Schenck (1839–1918) aus Elmshorn, Nichte und Patenkind des Malers, hatte zu ihren Onkel einen guten Draht. Sie hat ihn besucht und war seine Reisebegleiterin. Mit einem Widmungsgedicht vermittelt sie Hinweise auf den ‚privaten', jungen August Schenck.

um eines seiner Bilder, das vor nicht langer Zeit für 40 000 Francs einen amerikanischen Käufer gefunden, nach dem es in verschiedenen Händen gewesen; es war auf einem Salon während der letzten Jahre des Kaiserreichs ausgestellt und gab eine Reihe von Eseln, die um einen Berg [Trog] herumstanden. Es sollte den ‚Geheimen Rath des Kaisers' darstellen, brachte der ‚Figaro' auf. Deshalb verzichtete die Prinzessin Mathilde, Cousine Napoleons III., auf den projektirten Ankauf des allgemein bewunderten Bildes. Ebenfalls wegen der ihm aufgedrängten politischen Deutung ließ die Kaiserin Elisabeth von Oesterreich die Absicht eines Ankaufes während der Ausstellung in München fallen, bis sich schließlich der vorurtheilsfreie Amerikaner zur Erwerbung des vielgepriesenen und vielgeschmähten Werkes fand, für das der Künstler selber nicht mehr als 3 500 Francs erhalten hatte.

Der Tiermaler August Schenck (1821–1900)

Oben: Les Curieuses / Die Neugierigen / Die Kritiker, Stich nach Gemälde (Foto: Archiv Widderich/Internet). Unten: Autour de l'auge / Um den Trog, Stich nach Gemälde (Foto: Archiv Widderich/Internet).

Du brachtest einst in unsre Kinderwelt
Mein Pate, aus der weiten Welt uns Kunde

Dein Stift ergänzte flott, was du erzählt,
Wir hingen atemlos an deinem Munde

Dann reimt Luise was der Onkel mitbrachte: Rauchwerk, also Pelzwerk, bunt bestickte Schuhe aus Russland, Früchte in goldnen Schachteln aus Portugal. Ein Puppenhaus brachte der Weihnachtsmann-Onkel. Außerdem erinnerte sie sich, dass er zur Mandola ein Liedchen sang. Das Gedicht geht so weiter:

Schon brach das Leben uns manch stolze Kraft,
Schon nahm der Tod so manche unserer Lieben.
Doch deine Hand noch unbekümmert schafft,
Gott sei's gedankt, dein Aug' ist hell geblieben.

Luise Schenck war eine bemerkenswerte und reiselustige Frau. Sie besuchte ihren Bruder in Montevideo und war Sprachlehrerin in Brasilien. Das war wohlgemerkt im 19. Jahrhundert! Als Literatin machte sie sich in Deutschland einen Namen.[10] Sie starb 1918 in Altona und wurde, wie ihre Schwester Bertha, auf dem Friedhof Diebsteich begraben. Ihr Verwandter, der große Bildhauer und Literat Ernst Barlach entwarf den Grabstein für die Schwestern. In der Literatur wird er so beschrieben: […] ein auf die Erde gebreitetes Lesepult mit giebelartigem Rücken, auf dem Pult weit aufgeschlagen ein steinernes Totenbuch.'[11] Das Grab ist längst aufgelassen, der Stein wird als Denkmal bewahrt.

Schenck begrüßte in Ecouen auch manchen Besucher aus seiner Heimat. Einige haben ihre Erlebnisse aufgeschrieben, wie der junge Ernst Barlach, der ja durch Schencks Schwägerin in Elmshorn, wenn auch

10 *Luise Schenck. Werke (in Auswahl):*
   Lose Blätter aus Brasilien, Hamburg 1885 (Spanjer):
   Brasilianische Novellen, Hirzel-Verlag, 1887. Neuauflage 2013.
   Meerumschlungen. 3 Novellen, 1895.
   Zu Haus. 1905? (lt. Spanjer).
   Mühlengeschichten (lt. Spanjer).
   Moderne Romfahrt (lt. Spanjer).
11 *Dietmar Albrecht, ,Literaturreisen. Barlach in Wedel, Hamburg, Ratzeburg und Güstrow'. Stuttgart, 1990.*

entfernt, mit ihm verwandt war. Barlach schrieb: ‚Der Maler Schenck in Ecouen, wenn man so wollte, eine Art Onkel zu mir, ein Mann in guten Jahren, Besitzer eines geräumigen Weinkellers und in bequemen Umständen, hielt mich offenbar für einen rotznäsigen Anfänger und versorgte meine ‚Unbedarftheit‘, wie er als Holsteiner die gelegentliche Zutäppischkeit meines Wesens auslegte, bedürftig einer nur in Paris durchführbaren Dressur, indem er mich an seinen Freund Julien [sic] empfahl – kurz und gut, ich zeichnete einige Wochen oder gar Monate auf der Akademie Julien Akte, schlechte, langweilige Richtigkeiten, Zustände einer schlechten, langweiligen Kleiderlosigkeit bei männlichen und weiblichen Darbietern von so viel Mangel an Trost, dass ich nicht einsehen konnte, weshalb man sich eigentlich mühe – ich, dem beim Gang über die Straßen der Bleistift in der Hand vor Ungeduld zu tanzen begann.‘[12] Dieser kurze literarische Hinweis beschreibt die Begegnung eines noch unbekannten Kunststudenten mit einem arrivierten Künstler. Weil Barlach aber ein prominenter Bildhauer und Literat wurde, sind wohl alle Facetten seines Lebens untersucht und publiziert worden. Auch seine Briefe. In einem schildert er ausführlich einen Besuch in Ecouen, der voller Überraschungen steckt. Am 21. September 1895 schrieb Barlach ausführlich an seinen Freund Friedrich Düsel: ‚[...] Denn wenn ich Dir [...] allerlei berichten will, so muss ich August Schenck erwähnen, unserer Freundin Onkel [gemeint ist Luise Schenck]. Der hat nur seine Kindheit in Glückstadt in Holstein verlebt, und doch ist seine deutsche Art so unverfälscht, als sei er auch in Glückstadt groß geworden und finge nun an, auch in Gl.[ückstadt] abzusterben. Er wohnt in Ecouen bei P.[aris], eine halbe Stunde mit der Eisenbahn zu fahren. Als ich ihn zum ersten Male besuchte, wurde ich in eine große Scheune geführt, sein Atelier. Da malt er und wirtschaftet wie ein Uhu im hohlen Baum – ein großer, knorriger, steifbeiniger Mann. Zähnefletschend spricht er vom Lieblichen, und sein Humor, wenn er auch dämonische Sätze macht, ist so grotesk wie er selbst, steifbeinig und steifnackig. Er hat Erfolge gehabt, führt, obgleich nicht naturalisiert, das rote Bändchen [der Ehrenlegion] im Knopfloch, steht mit den augenblicklichen Autoritäten auf Du und Du und ist ein feuriger Patriot und ein gutes Luder; so gestaltet sich mein Verkehr mit ihm nett. Er

12 *Ernst Barlach, Ein selbsterzähltes Leben. München 1962.*

schimpft mit einer empörenden Maßlosigkeit auf alles, was mir teuer ist, und ich scheue mich nicht, ihm meine andre Meinung über den betreffenden Gegenstand zu sagen, was ihn indes gar nicht rührt, denn ich bin jung, zu dumm dazu, aber ein gutes Luder. Sein Geist ist ein helles Bächlein, flach und formlos von Ansehen, das rieselt über kleine Steine seinen zickzackigen Lauf – aber plötzlich verschwindet es in der Erde, man hört ein dumpfes Donnern und Kollern, und wenn es weiter entfernt wieder zum Vorschein kommt, ist es trüb vom Hass, und leidenschaftlich prustet es, man weiß nicht über was, und sein unterirdisches Abenteuer bleibt sein Geheimnis. Aber seine Miene solltest Du sehen, seine noch immer holsteinische Sprache hören, die französisches Satzgefüge führt! Er profitiert immer von einer Gelegenheit und tut es auch im Plattdeutschen. Er ist Tiermaler, und sein Haus, sein Garten steht unter der absoluten Herrschaft einer Meute von Hunden, Katzen, Papageien, Ziegen, Schafen! Bei Tisch (da gibt es einen feinen Wein und, wenn man angemeldet ist, das Beste, was meine Zunge im berauschtesten Zustande nicht ahnen könnte) hockt alles Getier auf Schränken, an den Wänden und auf der andern Hälfte des großen Tisches. Das ist ein Leben, dabei müsstest Du sein, es würde Dir nicht gefallen! Er erzählt von deutschen Offizieren, die er 1870 beherbergte, und wie sie in demselben Zimmer die Errichtung des Deutschen Reiches gefeiert mit maßloser Freigebigkeit der dunklen Kellerräume, wo die düstern Kolosse von Weinfässern in einer Reihe kühl und beschaulich ein Greisenleben in Staub und Spinnewebgemodder führen. Dazwischen lässt [er] diesen und jenen Wein kosten. Nun ist ein Gang beendet, und der zweite wird erwartet. „Francoise! Francoise!" ertönt gellend der Befehl der Madame. Aber Fr.[ancoise] ist betrunken und schläft ruhig in der Küche. Wieder gellt mit harter Stimme: „Francoise ..." sprach sie [...] äußerst giftig und verdrießlich über das unästhetische Geräusch der Alten. Endlich erscheint Fr.[ancoise] taumelnd, mit gerötetem Gesicht. Es erhebt sich ein heftiger Streit. Sie meint, schon serviert zu haben – Hunde und Katzen entrüsten sich gewaltig, und dazwischen murmelt Schenck mit Zähnekrischen: „Die verfluchten Sozialdemokraten! - wenn ich Kaiser wäre, ich ließe sie zu Hundert und Hundert vor Kanonen binden ..." Und mit einem delikaten Hühnchen beginnt ein neuer Akt dieses häuslichen

Dramas. [...]'[13] Wer hätte gedacht, dass Schencks Tierliebe bis auf die Mittagstafel reichte, nicht nur gebraten auf den Tellern. Da kam man nur sagen: Na, dann guten Appetit!

Ein weiterer Besucher aus der Heimat war der 1860 auf Eiderstedt geborene Maler Jacob Alberts (1860–1941), der später als ,Maler der blühenden Hallig' bekannt wurde. Alberts studierte in Paris, sah dort Bilder die bretonisches Volksleben darstellten. Solche Themen wollte er aufgreifen, allerdings aus seiner friesischen Heimat. In den Ferien wählte er als Motiv den Friedhof seiner Heimatgemeinde Westerhever. An der Nordwand der Kirche kniet ein Seemann an einem Grabhügel. – Was hat das mit August Schenck zu tun werden Sie vielleicht denken. Sie werden hören und sehen. – In der 1920 erschienenen Jacob-Alberts-Monografie von Gustav Frenssen[14] werden Alberts Erlebnisse in Ecouen geschildert, die bestätigten, dass Ernst Barlach keine überhöht-literarische Schilderung gegeben hat. ,Das Bild wurde nach Paris mitgenommen und aufgestellt. Die Kameraden loben es, sie finden es gut gemacht und interessant in seiner Herbigkeit und Besonderheit. „Ja", sagen sie, „wenn Sie eine so besondere Heimat haben, was wollten Sie anderes malen als eben diese Heimat?" Aber der junge Maler möchte das Urteil einer Autorität haben, eines Mannes, der französische Malkultur in sich hat. Zu wem gehen? Zu keinem andern, als zu dem Tiermaler und Landsmann August Schenck. [...] Zu dem geht er. Schenck, nun ein alter Mann, eine große, schöne Erscheinung im weißen Haar, wohnt eine Stunde Bahnfahrt von Paris in einem alten winkligen Gutshof, in dem er und seine Frau von großen Herden von Gänsen, Ziegen, Schafen und Truthühnern umgeben sind. [...] Zu diesen Haustieren sind jede Art anderer Tiere gekommen: alte Katzen, kranke Hunde, bis zu Ratten und Mäusen hinab; alles hat Hausrecht und wird liebevoll gepflegt. [...] Am Tisch, beim Mittagessen, ein Springen und Flattern und Quaken unter und auf dem Tisch, dazu aber neben den Tellern, noch vom früheren Beruf her, die schönsten Weine. [...]

Ob er Heimweh hätte? Heimweh? Oh ja ... jawohl! ... Er hatte eines Tages beschlossen gehabt, nach Holstein zu fahren, und hatte dort seine

---

13 *Ernst Barlach, Die Briefe I., Herausgegeben von Friedrich Dross. München 1968.*

14 *Gustav Frenssen. Jacob Alberts. Ein deutscher Maler. Berlin, 1920. Weiterhin: Frenssen/Alberts.*

letzten Lebensjahre zubringen wollen, in der alten Heimat. Aber wie er durch die Straßen Glückstadts geht und die ersten Bekannten sieht, freuen sie sich nicht; sie wundern sich nur und sagen: „Mensch, lebst du noch?" Weiter nichts. „Mensch, lebst du noch?" Kein Willkommen. Kein freundliches, menschliches Wort. Er fragt nach diesem und jenem, der mit ihm jung gewesen. Tot … Tot … Da fasst ihn das Grausen vor dieser Kälte, die ihn von Lebendigen und Toten anweht, und er fährt zurück nach Paris. Ja, und nun das Bild vom Dorfkirchhof in Eiderstedt! … Der Alte sitzt lange davor: „Ja … ja … So … so. . . Ja … Etwas von der neuen Art angehaucht! Nun ja, Sie sind ja jung … Wissen Sie was, Landsmann? Ich glaube, es ist was! Erstens: Sie können zeichnen, und zweitens: es ist auch eine Stimmung darin, eine herbe, feste, männliche …" Wieder langes Betrachten und Schweigen, dann plötzlich: „Das Bild hat einen Fehler, Landsmann!" - „Welchen?" - „Der Seemann da am Grabe, der muss weg! Ja, der muss weg … Ja … Und da muss ein Hund hin! Ein Hund … in ruhiger, würdiger Haltung. Sehen Sie, Landsmann, so ein Hund ist weniger als ein Mensch; und doch mehr. Wissen Sie, wenn da ein Hund ist, ein würdiger, ruhiger Hund, dann gehen die Gedanken mehr auseinander. Ja … ein Hund … ist der Natur näher, Landsmann, und Sie wollen ein Stück Natur geben." Der alte Tierliebhaber und -maler entbehrte auf dem Bild seine Liebe. Der junge Maler folgte dem Rat, und nun sitzt ein Hund in ruhiger, ernster Haltung neben dem frischen Grab.'

Das äußerst kurios anmutende Wohnen mit flatternder, springender und quakender Fauna war im 19. Jahrhundert, als das ‚Tierstück' in war, wahrscheinlich nicht allgemein üblich. Schenck war gewiss ein Sonderfall. Aber ganz außergewöhnlich scheint es doch nicht gewesen zu sein, wie ein Stich des Ateliers der bereits erwähnten Tiermalerin Rosa Bonheur wiedergibt, das Arbeitsstätte und Tiere im trauten Nebeneinander zeigt.

Und jetzt noch eine kleine Überraschung, ein Schmankerl. Serviert wird's von Salvator Dali (1904–1989), dem Maler mit dem gezwirbelten Schnäuzer, der Bilder der ‚weichen' Uhren und der Giraffen mit Schubladen. – Beim Blättern im Werkverzeichnis der Gemälde Dalis[15] war meine Überraschung groß, als ich inmitten der surrealen Darstel-

---

15   *Robert Descharnes / Gilles Néret, ‚Dali – Die Gemälde, Teil 1. Bonn, 2007.*

lungen ein Bild des Realisten August Schenck entdeckte. Die nächste Abbildung war ein Schenck von Dali. Aber der Reihe nach. Schenck war populär, deshalb erschienen Drucke nach seinen Gemälden. Einen solchen Druck hat sich Dali 1942 vorgenommen, um ihn zu ‚verbessern‘.

Dali machte aus dem kühlen Winterbild ein kuscheliges Interieur. Der kühle Schneeteppich wurde zum wärmenden Wollteppich, das Außen zum Innen. Ohne großen Umstand befanden sich die Schafe nun in der Wärme und bekamen noble Stil-Füße. Der diesige Winterhimmel wurde zur gediegenen Wanddekoration mit Telefon und Bücherregal. Auf dem Rücken des mittleren Schafes liegt ein Buch, das von zwei Schafen interessiert beäugt wird. Vielleicht lesen Schafe gern mal ein Buch, wenn sie in der warmen Stube sind. Das ‚Publikum‘ wurde um eine dahindrapierte, sich rekelnde, Kaffee oder Tee trinkende Frau vermehrt. Schencks fliegende Gans mutierte zu ihrer Kopfbedeckung. Gans, Frau, eine Anspielung? Vielleicht ist die Dame auch an einer, die Langeweile vertreibender, Lektüre interessiert. Wie dem auch sei. Mit dem Artikel ‚Eine Herde, zwei Künstler‘, der am 21. April 2012 in der ‚Norddeutschen Rundschau‘ erschien, hat die Glückstädterin Tania Schlie auf diese Kapriole hingewiesen. Im Dali-Werkverzeichnis ist noch ein zweites ‚verbessertes‘ Schafsbild aufgeführt, das möglicherweise auch auf auf einen Schenck-Druck zurückgeht.

Schenck hat durch Dali quasi einen Fuß, wenigstens eine Fußspitze in der Tür zur Gegenwart.

Welche Rolle spielt er aber heute wirklich? Schencks Werk und Leben sind nahezu vergessen. Die Bildende Kunst unterliegt Modeströmungen. Tier- und gefühlsbetonte Malerei des 19. Jahrhunderts steht derzeit kaum im Fokus. Es wurde geschrieben: ‚[Schenck] ist heute ziemlich vergessen und seine Bilder erscheinen wegen ihrer Dramatik und der überzeichneten Charakterzüge seiner Wesen leicht kitschig.‘[16] Meine Devise ist: Für die Meinungsbildung ist die Entstehungszeit heranzuziehen um eine einigermaßen objektive und vorbehaltlose Meinung zu erreichen.

Der Beginn des Malers Schenck fällt etwa mit einem Umbruch in der Bildenden Kunst zusammen. Mitte des 19. Jahrhunderts wandten sich

16 Tania Schlie, ‚Eine Herde, zwei Künstler‘. In: Norddeutsche Rundschau, 21.4.2012.

Salvator Dali / August Schenck: Schafe / l'Echir (Foto aus: Robert Descharnes/ Gilles Néret: DALI - Die Gemälde, Bonn 2007).

viele Maler von der Historienmalerei und der Darstellung literarischer Themen, der akademischen Malerei ab. Sie zogen nach Barbizon im Wald von Fontainebleau, ihre Devise war: Zurück zur Natur! Sie ließen die akademische Malerei, nach der das Dargestellte exakt und penibel sein musste, nämlich so, wie es gesehen wird, hinter sich. ‚Zurück zur Natur' und Gegenwart statt Historie war Befreiung, hin zur Pleinair-malerei, malen unter freiem Himmel. Die jungen Maler stellten einfache Naturausschnitte dar, etwa einen Weg im Wald, einen Baum vor Abendhimmel, Kühe am Waldrand, Menschen bei der Arbeit oder in der Landschaft. Weitere Schritte wagten die frühen Naturmaler noch nicht. Das erreichten erst die Impressionisten, die der Naturdarstellung durch Licht- und Stimmungsphänomene sowie durch Hellfarbigkeit noch stärkere subjektive Komponeten hinzufügten und buchstäblich Lichtbilder schufen. Schenck verschrieb sich der erstgenannten Darstellungsart, wie sie die Maler der ‚Schule von Barbizon' pflegte, und blieb dabei. Den angedeuteten Neuerungen folgte er nicht. Allerdings fügte er der reinen Naturdarstellung gelegentlich symbolistische Tendenzen hinzu. So auch bei unserem Rathaus-Bild: Naturgewalt bedroht Mensch und Tier. Deutlicher wird das noch in dem dramatischen Bild ‚Qual‘[17], das der ‚National Gallery of Victoria‘ in Melbourne, Australien gehört. Ein Lamm liegt verwundet im Schnee. Die Raben wittern den nahen Tod. Das Muttertier blökt nach dem Hirten. - Der Herr sei mein Hirte, kann man assoziieren.

Zu Lebzeiten war August Schenck weltbekannt. Seine Bilder waren gefragt. Der Schenck-Boom ließ die Preise gewaltig anziehen. Lilli Martius berichtet : ‚Und die Preisfestsetzung zu jenen drei Gemälden, die er für die Jubiläumsausstellung der [Kieler] Kunsthalle schickte [...] bezeugen mit Summen von je 32.000 Mark, dass er in Paris Ansprüche machen konnte, die weit über den Rahmen seiner bescheidenen Heimat hinausgingen.‘ (Martius) Heute tauchen hin und wieder Schenck-Bilder in Auktionen zu moderaten Preisen auf. Seinerzeit gab es nicht nur begeisterte Sammler, auch in Museen zogen seine Werke ein, z.B. in: Bordeaux, Lille, Melbourne, New York, Périgueux, Reims, Riga, St. Louis, Sheffield und Bremen.[18] Auch Museen in unserer Nähe haben Schenck-Bilder:

Voran das Glückstädter Detlefsen-Museum, mit ‚Schafherde in hügeliger Landschaft‘. Das Bild wurde 1989 vom ‚Verein der Freunde und Förderer des Detlefsen-Museums e.V.‘ angekauft. Das zweite Bild kam 2002 als Geschenk des Optikers Fielmann ins Museum: ‚Hirtenjunge mit Schafen‘.

Das ‚Museum Museumsberg‘ in Flensburg besitzt ebenfalls zwei Gemälde: ‚Schafherde‘ und ‚Ziegenherde in der Auvergne‘. In der Kieler Kunsthalle befindet sich ‚Schafherde im Bergland der Auvergne‘ von

---

17 *Nachtrag: Kieler Zeitung, 17. Januar 1901: [...] Ein Lamm ist gefallen, unterlegen den Anstrengungen des Irrens in Schnee und Einöde. Das Mutterschaf sucht es mit vorgestrecktem Fuß zu schützen, und im Kreise lauert eine Schaar von Raben, hungrige, großgeschnäbelte Teufel von Raben, die sich von dem weißen Schnee abheben in ihrem tiefen Blauschwarz so drohend, so unheimlich, so düster! [...] Eine groteske und grandiose Szene, ein Familiendrama von einer ganz einzigen Originalität der Komposition. [...]*

18 *E. Bènèzit, ‚Dictionaire des Peintres, Sculpteurs, Dessinateurs et Graveurs‘; Thieme-Becker, ‚Allgemeines Lexikon der Bildenden Künstler‘.*

Qual, National Gallery of Victoria, Melbourne (Foto: Archiv Widderich/Internet).

1866. Das Bild kam, wie bereits erwähnt, 1907 als Geschenk der Witwe Schencks nach Kiel.

Schenck war in, stand in Kontakt mit bedeutenden Malerkollegen, wurde geehrt. 1863 erhielt er, wie erwähnt, für ein Gemälde eine Medaille. 1875 wurde ihm vom portugiesischen König der Christusorden verliehen.[19] König Alphons XII. von Spanien ernannte ihn zum Ritter des Ordens Isabellas der Katholischen.[20] 1885 (lt. ‚Ecole Ecouen': 1895) wurde er sogar ‚Chevalier de la Légion d'honneur' (Ritter der Ehrenlegion)!! Welch eine Überraschung! Ein Deutscher wurde kurz nach 1870/71 in die französische Ehrenlegion aufgenommen? Wahrscheinlich wurde Schenck für einen Dänen gehalten. In seiner Sterbeurkunde ist als Geburtsort Gluckstadt (Danemark) angegeben.

August Schenck starb am 29. Dezember 1900[21] und wurde am 2.1.1901 in Ecouen beigesetzt. Sein Grab existiert noch. Sein Haus in der Rue de

19   *Frdl. Mitteilung von Norbert Meinert, Glückstadt: Dieser Ritterorden geht auf das Jahr 1319 zurück und wurde vom portugiesischen König Denis I. Gegründet, um die Tempelritter, deren Orden sich aufgelöst hatte, aufzunehemen.*

20   *Frdl. Mitteilung von Norbert Meinert, Glückstadt: Dieser spanische Orden wurde 1815 von König Ferdinand VII. gegründet.*

21   *Sterbeurkunde.*

la Beauvette, der heutigen Rue Auguste Schenck, und sein Atelier sind nicht mehr vorhanden.

Nach meiner, wenn auch unprofessionellen Meinung, ist August Schenck ein beispielhafter Könner der Tiermalerei des 19. Jahrhunderts. Ich halte es deshalb mit Dr. Halling: Als Besucher unseres Rathauses freue ich mich, vielleicht nicht immer, immer aber an Schencks Bild ‚Schafe im Schneesturm‘.

Das Schlusswort hat nochmals Dr. Halling: ‚Obgleich in seiner Kunst französisch gebildet, in seiner Lebensführung französisch gewöhnt, ist Schenck doch in seinem Herzen ein guter Deutscher geblieben. Seine Muttersprache hat er sich unverfälscht erhalten, besonders liebte er das Plattdeutsche, als echter Sproß der meerumschlungenen Herzogtümer.‘ (Halling) Und ich meine: Einmal Glückstädter, immer Glückstädter, auch in Frankreich.

Das war ein Blick auf das außergewöhnliche, vielleicht etwas skurrile Leben des Tiermalers August Schenck.

Nachtrag

Ergänzend können interessante August Schenck und sein Werk beleuchtende Mitteilungen ein- und angefügt werden, die Prof. Dr. Ulrich Schulte-Wülwer aus Flensburg freundlicherweise zur Verfügung stellte. Dafür gebührt ihm mein herzlicher Dank!

Adolf Stahr.

Nach fünf Jahren. Pariser Studien aus dem Jahre 1855. Erster Theil. Oldenburg 1857.

Hart an der Eintrittsecke des Vestibüls der Kunstausstellung, da wo man die Stöcke und Regenschirme ablegt, liest man über einer Gruppe sehr schlecht beleuchteter, an der dunkelsten Wandstelle aufgehängte Bilder den Namen: „Portugal". […] diese Unbeachtung ist für einen jungen Maler verhängnisvoll geworden, der sich gezwungen gesehen hat, mit seinem ersten größeren Werke in dieser portugiesischen Ausstellung aufzutreten, weil er anderswo kein Unterkommen finden konnte. Auch sein Werk ist jenem Schicksal verfallen. Es ist von der officiellen

Kritik unberücksichtigt geblieben, obschon es nicht blos weitaus das Beste war, was jene Gruppe der portugiesischen Bilder darbietet, sondern auch unter allen Erstlingswerken neuaufstrebender Talente, welche diese Weltausstellung an das Licht gebracht hat, ohne Widerrede einen der ersten Plätze, wo nicht den ersten verdient.

Dieser junge Maler ist natürlich ein Deutscher. Denn nur ein Deutscher kann ein solches Geschick haben, weil er eben als Deutscher kein Vaterland hat. Als geborener Holsteiner hätte August Schenck sich jetzt eigentlich unter die Dänen, die Unterdrücker seines Heimathlandes, einreihen müssen. Dagegen aber sträubte sich sein stolzes Vaterlandsgefühl, und so zog er es vor, da er als heimathloser Deutscher doch irgendwo in seiner Eigenschaft als Künstler auf dieser Weltausstellung unterzukommen suchen mußte, sich dem Volke anzuschließen, in dessen Lande er viele Jahre lang gelebt, und dessen Natur und Himmel, dessen Menschen und Sitten, Leben und Treiben in farbigen Bildern wiederzugeben er sich zur Aufgabe gemacht hat.

Gleich das hier ausgestellte Gemälde ist eine Probe davon wie ihm dies gelungen. Es ist ein Bild von sechs Fuß Höhe, bei acht bis neun Fuß Länge, eine Komposition von etwa einem Dutzend halb lebensgroßer Figuren, eine jener Aufkäuferscenen, wie sie in Portugal in der Nähe größerer Städte häufig vorkommen. [...]

„Aber," unterbrach ich hier den Erzähler, denn ich verdanke diese Mittheilung dem Künstler selbst, „ aber versuchten Sie denn niemals etwas von dem auf dem Papiere festzuhalten, was Ihr Auge mit so vielem Entzücken sah?, versuchten Sie niemals selbst zu zeichnen? Er schüttelte den Kopf [...] Ich war glücklich genug, wenn ich das Schöne sah, und ich kann wohl sagen, daß ich mit dem Augen zeichnete und malte. Erst im Jahre 1847 wurde das anders. Es kam eine ungewohnte Unruhe über mich, so oft ich eine Gallerie besuchte, oder sonst ein schönes Gemälde sah, ein Zittern flog mir ordentlich durch alle Glieder, und es war mir, als hörte ich es in mir deutlich sagen: Du könntest doch auch wohl so etwas machen!" [...] Aber die Warnung seiner von ihm hochverehrten Mutter, „daß die Kunst kein Brod gewähre," hielt ihn zurück. Indeß der einmal siegreich hervorgebrochene Kunsttrieb ließ sich nicht mehr ganz unterdrücken, und so sehen wir ihn denn auf seinen Handelsreisen seine Mappen mit Skizzen und Zeichnungen aller Art füllen, [...]

So fand auch ich ihn, als ich ihn zuerst kennen lernte im Jahre 1850 in Bremen, in dessen Nähe ich damals zu Oldenburg lebte. Briefe befreundeter Personen hatten mir von einem jungen Kaufmanne, einem reisenden Weinhändler aus Portugal berichtet, der durch sein künstlerisches Talent die Aufmerksamkeit der ganzen Stadt auf sich ziehe, und dessen Zimmer stets von Kunstfreunden voll sei, die seine Zeichnungen bewunderten. Ich ging hin, und fand meine Erwartungen weit übertroffen. […] Namentlich setzte mich ein großer Karton von mehreren hundert Figuren in Erstaunen, auf welchem er den Sardellenfang an den Küsten Portugals dargestellt hatte. […] „Noch bin ich Nichts," sagte er mir einmal, „und will also auch nichts sein. Aber wenn wir uns nach fünf Jahren wieder sehen, dann muß es sich zeigen, ob es der Mühe werth ist, von mir öffentlich zu reden!"

Seitdem verlor ich ihn eine Zeit lang aus den Augen. Ich erfuhr jedoch später, daß er seinen Vorsatz ausgeführt, und nach Abschluß seiner verwickelten kaufmännischen Geschäfte zu Ende des Jahres 1852 nach Paris gegangen war, um sich ganz der Kunst hinzugeben.

Kieler Zeitung, Nr. 350 vom 13. August 1865

Vermischte Nachrichten.

Den ‚Recensionen über bildende Kunst' entnehmen wir folgendes über die in der diesjährigen Pariser Kunstausstellung mit der großen Medaille ausgezeichneten Bilder unseres Landsmanns A.F.A Schenck, welcher voriges Jahr mit einem Bilde bedeutenden Umfanges, einer ruhenden Schafherde, zum ersten Male vor die Augen des pariser Publicums getreten ist. Dieses Jahr hat Schenck unter dem Titel: „Das Erwachen" ein Seitenstück jenes ersten Bildes ausgestellt. An dem felsigen Ufer des Meeres, unter der Obhut eines graubärtigen Schäfers, der sich an einem angezündeten Triftfeuer wärmt, hat eine Heerde Schafe die Nacht zugebracht. Der neuerwachte Tag ruft Alt und Jung aus dem sanften Schlummer. Die einen liegen noch, die anderen stehen und recken schnuppernd die Hälfte der über das Meer herwehenden frischen Morgenluft entgegen. Die Lämmer schmiegen sich mit rührendem, fast zu menschlichem Ausdrucke an die Mutter an. Mit dieser Bemerkung ist aber auch der Tadel erschöpft, und es bleibt uns nur noch zu loben übrig. Das Ganze ist vortrefflich gedacht, die Zeichnung ist von ungemeiner Schärfe, die Ausführung höchst elegant, Himmel und Ferne von größter Feinheit des Tones: ein unwiderstehlicher Zauber der Poesie, der jeder Beschreibung und Zergliederung sich entzieht, duftet aus dem Bilde entgegen. „So spricht ein Geist zum andern Geist", und wäre es auch durch das Medium einer Heerde blöckender Schafe. In einem zweiten Bilde führt uns Schenck fünfzehn lebensgroße Hammelköpfe vor, ausgedroschenes Stroh knuspernd. Es ist eine meisterhafte Studie, anziehend durch die anspruchslose Naturwahrheit.

Kieler Zeitung vom 28. November 1874

Schleswig=Holsteinische Künstler. August Schenck.

Auf der letzten großen Ausstellung in London war eines der gepriesensten Bilder ‚Schafe im Schneesturm' von August Schenck in Paris. Daß der Maler ein Deutscher sei, ergab der Name; aber woher aus dem deutschen Vaterlande, daß wußten und darum kümmerten sich wenige. [...] wir erinnern nicht in irgend einem unserer Tagesblätter den gefeierten Namen gefunden zu haben, was sicher geschehen wäre, wenn man gewußt hätte, daß August Schenck aus Glückstadt stammt.

Vor einer Reihe von Jahren – es wird 1857 bei der Eröffnung der neuerbauten Kunsthalle gewesen sein [...] war hier in Kiel ein größeres Gemälde ‚Der Aufkäufer in Oporto' ausgestellt, als dessen Maler August Schenck bezeichnet war. Das Bild machte derzeit durch Scenerie und Zeichnung Aufsehen [...] Seitdem haben wir, wenn unsere Erinnerung genau ist, nichts weiteres von dem Künstler gesehen [...] obgleich er seit jener Zeit, wo er kurz vorher begonnen hatte, ein so namhafter Meister geworden ist.

August Friedrich Albert Schenck ist 1822 [richtig: 1821 / HPW] in Glückstadt geboren. Seine Eltern gehörten dem wohlhabenden Bürgerstande an und verwandten große Sorgfalt auf Erziehung und Unterricht ihrer vier Söhne [...] Schon früh war die Neigung zur Kunst in ihm erwacht; er zeichnete, malte, ja modellierte sogar in seinem zwölften Jahr eine hübsche Statuette [...] [Von Portugal aus machte er] häufige und interessante Reisen nach allen Hauptstädten Europas. Mehrmals kam er nach Petersburg und Moskau, wo er während der russischen

Winter treffliche Gelegenheit zu Schneestudien fand; denn noch immer hatte er das Malen als Liebhaberei neben seiner geschäftlichen Thätigkeit betrieben. Ein längerer Aufenthalt in Berlin in den ersten fünfziger Jahren ward endlich der Anlaß, Schenck ganz der Kunst zuzuführen. Er kam dort mit vielen ausgezeichneten Menschen in Berührung – besonders befreundet ward er mit Adolf Stahr und dessen Gattin Fanny Lewald – man bewunderte sein Talent, das Geschäftsleben hatte ihn von Jahr zu Jahr weniger befriedet, - genug, er trat plötzlich mit dem festen Entschluß hervor, sich ganz der Kunst zu widmen und in Paris die Malerakademie zu besuchen [...] und absolvirte in sehr kurzer Zeit unter Leitung des berühmten Leon Cogniet die akademischen Studien. Er wandte sich dann dem Genre zu. ‚Die Hermannsschlacht‘, eine von ihm mit Vorliebe aufgefaßte Idee, im Carton unvollendet geblieben ist. Besonders waren es Skizzen humoristischer Art aus dem Volksleben der Portugiesen, die er zuerst in Sepiazeichnungen darstellte und die von der Kunstkritik als lebensvoll gerühmt wurden. Aber er wählte auch Gegenstände zarterer Empfindung, z.B. ‚ein kleines Blumenmädchen auf dem Pont neuf im Morgennebel‘, und ‚Nautilus‘, eine hingehauchte Skizze von seltener Schönheit.

Schon in den sechziger Jahren wandte er sich indeß der Thiermalerei zu [...]gerade auf diesem Gebiete sollte August Schenck seine Lorbeeren ernten, und sie flossen ihm in reichem Maße zu. [...] Schafe sind fast seine besondere Specialität, doch er malt auch anderer Thiere [...] ein Gemälde ‚A l'abreuvoir‘, sieben Eselsköpfe an der Tränke, machte vor zwei Jahren viel Furore [...] im Auftrage des Herrn Schindler, eines reichen Privatmannes in Paris, ward das Gemälde später in dessen Villa al fresco reproducirt, jedoch mit der Veränderung, daß statt der Eselsköpfe sieben Pferdeköpfe des Herrn Schindler, genau in derselben Weise um die Tränke gruppirt wurden. [...]

Einzelne Bilder Schenck's befinden sich in Altona im Privatbesitz; vielleicht einige andere in Glückstadt. Leider aber wird damit der berühmte Künstler in seiner Heimath nicht bekannt noch genannt nach dem Maße, wie es seine hervorragende Bedeutung fordern müßte. Daß die hiesige Kunsthalle, welche in erster Linie die, freilich schwer ausführbare, Aufgabe haben dürfte, eine Repräsentation aller hervorragenden Maler unseres Landes zu bieten, in den Besitz eines Gemäldes von

August Schenck und damit eines der berühmtesten unter den lebenden schleswig-holsteinischen Malern, werde gelangen können, erscheint uns ebenso begehrenswerth, wie beinahe aussichtslos.
H. Wrage [Hinrich Wrage (1843–1912, s.-h. Maler?]

Kieler Zeitung vom 13. Oktober 1880

Kleine Chronik. [August Schenck aus Glückstadt.]
Auf der diesjährigen großen Pariser Ausstellung befanden sich, wie wir s. Z. mitgetheilt haben, auch einige Bilder unseres Landsmannes, des berühmten Thiermalers A. Schenck. Wie seine alten Arbeiten haben auch die neuesten in der Pariser Presse Anerkennung gefunden. Die „I.N." veröffentlichen folgende Uebersetzung einer französischen Kritik über das im Frühling im Salon ausgestellte Bild:

„Winter ist's. Der Berg, sonst grün und blühend,
Ist jetzt öde, einsam und verlassen.
Manchmal nur, geschützt von hoher Felswand,
Eine Schafheerd' naht, um noch zu suchen
Mag'res Futter im vergilbten Kraute;
Langsam graset sie das karge Grün.
Plötzlich scheint der Himmel sich zu senken
Und erbleichet. Jetzt ein eis'ger Windstoß, [...]

Es ist ein Drama von schneidender Realität, welches Schenck in diesem Jahre vorgeführt hat. Nachdem derselbe so oft die großartige Landschaft unserer Berge in ihrem lachenden und sonnigen Anblick dargestellt, hat unser getreuer Maler sich zur Aufgabe gemacht, sie im Schrecken des Sturms und des Winters zu zeigen. Es ist ihm bewunderungswürdig gelungen. Diese Aufgabe war indeß sehr schwer. Ein interessantes Bild in einer einzigen Farbe zu machen, die weißen Tinten des Schnees, die Ebene, die Tiefen, die Fernen hervorzubringen in dieser einförmigen Weiße, ist das nicht ein kühnes Unternehmen? Glücklicherweise besitzt der Meister einen geschickten und kühnen Pinsel und eine Pallette, auf welcher die Stufenleiter des Weißen sich in voller Harmonie entrollt. So kann er malen dies leichte und tolle Ding, den Schnee, welcher fällt, und den unfühlbaren Windhauch, welcher durch die flüssige unwägbare Luft dahinzieht. Davon kann man sich vor dem Gemälde überzeugen, welches wir zu beschreiben versucht haben. Sehen wir diese wirbelnden Flocken an, haben wir nicht den Eindruck des Windstoßes, der Höhe, der Kälte, und die trefflich gemalte Scene der um den Hirten gedrängten Schafe ist die unerläßliche Vervollständigung dieser großartigen Winterlandschaft. - Schencks Bilder stehen schon seit längerer Zeit hoch im Preise. Ein 1879 im Pariser ‚Salon‘ ausgestelltes Bild ‚Bouchon de paille‘ wurde für 30.000 Fr. (24.000 M) nach Newjork und ein anderes Bild an einen Londoner Kunsthändler für 25.000 Fr. (20.000 M) verkauft.

Fanny Lewald: Gefühltes und Gedachtes (1838 – 1888), Dresden und Leipzig 1900.

[...] 19. Jan. Ganz denselben Eindruck habe ich gestern in der National=Galerie [...] gehabt. [...] Eine klein gemalte Schafherde in der Campagna von Verboekhoven, eine klein gemalte Herde von Brendel, eine mäßig große Rindviehherde an einem See sich tränkend, die Schafherden=Skizzen von August Schenck, und die ‚Mignons‘ von demselben in unserem Besitz, das ist alles anmutend und inmitten der Stadt, in mitten eines Salons erquicklich und lieblich! - Die lebensgroßen Schafe von Schenck in A's Salon sind geistlos an sich – und geschmacklos bis zum Beleidigenden in einem Salon. Sie haben etwas Verdummendes, wenn man sie lange ansieht. - Die Größe, die Form muß vom Geist erfüllt sein. [...]

Kieler Zeitung vom 16. und 17. Januar 1901

Ein Besuch bei dem Maler Schenck. *
   Mit Erlaubniß des Autors bringen wir die vor vier Jahren geschriebene Skizze als ein
   Gedenkblatt an den kürzlich verstorbenen, 1821 in Glückstadt geborenen Meister. Die Red.
   Es war im vorjährigen Herbste. [...] ein idyllisches Künstlernest, des Namens Ecouen [...] Dorthin ging ich, einen Landsmann aufzusuchen, einen Altmeister der Kunst, als deren jüngster Jünger einer ich kürz-

lich auf dem Pariser Pflaster gestrandet war. [...] Ich war zaudernd an ein seitliches Thor gekommen, das, den Blick in einen inneren Hof frei lassend, offen stand. [...] Aus dem Wohin und Woher nicht klug werdend, aber wundersam angezogen und aller Zweifel baar, schritt ich an der Vertiefung vorüber einen langen Gang hinunter und gelangte durch ein Bogenthor in einen zweiten Hof, an den sich ein großer Garten anschloß. Doch gab es überall ein unentwirrbares Mauer= und Gitterwerk, Hütten und Gehege, die dem altersgrauen, herrschaftlichen Hause ein patriarchalisches Ansehen gaben, als sei es für Gethier und Gesinde nach Bedürfniß planlos ausgedehnt und angewachsen. [...] Hier unter seinen selbstgepflanzten Lieblingen fand ich den Meister, eine Hünengestalt, noch rüstig, mit frischer Gesichtsfarbe und festen Zügen. [...] Und ich schreibe es [...] einer gewissen niederdeutschen Stammesverwandschaft zu, daß ich gleich ein gutes Verhältniß zwischen uns anbahnte. Noch oft bin ich im Laufe des Jahres nach Ecouen zurückgekehrt und [...] möchte [...] unseren Landsleuten in flüchtigen Strichen ein Bild entwerfen.

Schenck ist einer der deutschen Künstler, welche die Erfolge ihres Strebens im Auslande gesucht haben [...] daß er als Pariser Größe kein Anderer ist, als wenn er sein langes Leben in seiner norddeutschen Heimath – ja, ich möchte sagen, als wenn er es in seinem holsteinischen Geburtsorte Glückstadt verlebt hätte. [...] Seine Erscheinung paßt zu seinem Atelier, wo er nun schon an 35 Jahre schafft, eine Art Scheune, deren eine Wand herausgeschlagen und durch Glasscheiben ersetzt ist. Dieses Atelier ist ein großer hoher Raum, in dem er sich frei bewegen kann [...] [es] gleicht einer vor Jahrtausenden von Giganten aus einem Felsen gehauenen Höhle [...] Aber was fragt Schenck nach dem Geschmack der Pariser? [...] Zwischen großen Bildern ziehen sich schmale Gänge hin, die, seit Jahren unbetreten, von Spinneweb und Staub verwachsen scheinen, wie verlassene Waldespfade.

Auf seinen Reisen in Finnland und im nördlichen Rußland hat sich Schenck nicht nur die vielgepriesene Virtuosität im Schneemalen erworben, sondern leider auch, während er in der Eiseskälte seine Studien machte, den Rheumatismus geholt, der allein die vielstündige Tagesarbeit des Meisters bisweilen unterbricht.

Schenck ist Thiermaler, aber seine Kunst beschränkt sich nicht auf die Wiedergabe des Heerdendaseins, auf die lieblichen feingestimmten Haidebilder der Auvergne, wo er durch viele Jahre seine Sommerfrische suchte, auf die schillernden Truthhühner, die ihre Melodieen „nach Noten" singen. Es sind Szenen von großer dramatischer Wirkung, die er vorzugsweise malt. [...]

Wieso es kommt, daß aus den Schneestürmen und Thiergruppen Schenck's die Kraft und der Stil des Historienmalers sprechen, ist leicht erkenntlich für den Besucher seines Ateliers, dem er den Anblick gewisser mächtiger Kartons gestattet. Als er seine Laufbahn begann, hatte er ganz andere Pläne für sein künstlerisches Schaffen.. Die Entwürfe großen Stiles geben Zeugniß davon. In ihnen beabsichtigte er die Vernichtung des römischen Weltreiches durch die Germanen, diese gewaltige Zeit von von Kämpfen und Völkerdramen, zu schildern. Wie ein Meer erstreckt sich in der Komposition zur Herrmannschlacht bis zum fernsten Horizont das Waldland, und über diese weiten Länderstrecken schnaubt wie ein zorniger Sturm der Geist der Empörung und Freiheit; er wühlt das grüne Meer in seinen Tiefen auf, das Land rührt und hebt sich und wirft Wogen barbarischer Stämme hoch, die sich über doe Legionen und den ganzen ungeheuren Troß von Wagen, Thieren, Weibern und Kriegern stürzen, wie die Gewalten einer vernichtenden Sturmfluth. [...] Wer das Vorhandensein solcher Werke kennt, begreift schnell die Eigenart von Schenck's Thierbildern. Wenn man sich auf diesem der zarten Lichtstrahlen freute, mit denen die Wintersonne, die es leider nicht ändern kann, daß der Boden gefroren und der Schnee kalt ist, ökonomisch nur einige der leichtesten Rosenlichter ohne Wärme und Schwere herabschickt, so findet man auf jenem kräftig komponirte Gruppen von Heerdenvieh, unbarmherzig wahre Züge von Schafen und Ziegen. [...] Und dramatisch sind die Schneestürme! Da gestaltet Schenck das Motiv der verschneiten und dem Untergang geweihten Heerde mit einem überströmenden Reichthum in der Schilderung der vernichtenden Naturkraft, die so grausam und so groß ist zu gleicher Zeit; aus diesen Bildern fühlt man, daß in ihrem Autor ein Dichtergemüth steckt von jenem Schlage, dessen Ursprünglichkeit und unphilosophische Originalität in Betrachtung sowohl des Zarten als auch des Mächtigen geadelt wird durch ein hervorragendes, selbstständiges

Gestaltungsvermögen und ein intimes Geständniß, eine tiefe Liebe zu allen diesen Dingen. […]

Literatur

1855 Katalog der Weltausstellung, Paris 1855.

1857 Adolf Stahr. Nach fünf Jahren. Pariser Studien aus dem Jahre 1855. Erster Theil. Oldenburg .

1857 S. 121 – 140. Adolf Stahr (1805 – 1876). 1836 Oldenburger Gymnasiallehrer und Kritiker, 1845 langjährige Reisen durch Italien, ab 1852 in Berlin als Schriftsteller. 1855 Heirat mit Fanny Lewald.

1865 Kieler Zeitung vom 13.8.1865.

1874 Kieler Zeitung vom 28.11.1874.

1880 Kieler Zeitung vom 13.10.1880.

1900 Fanny Lewald. Gefühltes und Gedachtes (1838 – 1888). Hrsg. Ludwig Geiger. Dresden und Leipzig 1900 – S.237 – Fanny Lewald (1811 – 1889). Vorkämpferin der Frauenemanzipation. Schriftstellerin. Unterhielt in Berlin einen politisch-literarischen Salon. 1855 Heirat mit Adolf Stahr.

1901 Kieler Zeitung vom 16. und 17. 1 1901.

1901 F. v. Boetticher. ‚Malerwerke des 19. Jahhunderts‘.

1907 Dr.A.H. [d.i. Dr. Adolph Halling] ‚August Schenck‘. In: ‚Glückstädter Fortuna‘, 24.3.1907.

1907 Jahresbericht, Bericht über die Wirksamkeit des Schleswig-Holsteinischen Kunstvereins zu Kiel für das Jahr 1907, Seite 4.

1920 Gustav Frenssen. ‚Jakob Alberts. Ein deutscher Maler‘. Berlin, 1920

1925 Katalog der Gemälde und Bildhauerwerke in der Kunsthalle zu Bremen. Bremen, 1925.

1938 Führer durch die Gemälde-Sammlung, Kunsthalle Kiel

1948 Geerd Spanjer ‚Von der Schenckstr. in Glückstadt.‘ In: ‚Die Heimat‘, Nov./Dez. 1948.

1956 Lilli Martius, ‚Die schleswig-holsteinische Malerei im 19. Jh.‘, Neumünster. Neudruck 1978.

1958 Kunsthalle zu Kiel. Katalog der Gemäldegalerie. Kiel, Seite 135.

1965 Geerd Spanjer ‚Über den Tiermaler August Schenck und sein Sippenkreis (nach Glückstädter Archivalien).‘ In: Die Heimat, August 1965.

1966 Ernst Barlach. ‚Prosa aus Vier Jahrzehnten (Ein selbsterzähltes Leben)‘. Berlin, 1966.

1967 Geerd Spanjer, ‚Der Tiermaler August Schenck und sein Sippenkreis‘. Vortrag vor der Detlefsen-Gesellschaft Glückstadt e.V., 1967. Weiterhin: Spanjer 1967 (Typoskript: SH - Landesbibliothek, Kiel).

1968 Ernst Barlach. Die Briefe I (Hrsg. Friedrich Dross). München, 1968.

1970 Geerd Spanjer. Von Glückstadt nach Paris. In: S-H Heimatkalender 1970.

1973 Katalog der Gemälde der Kunsthalle zu Kiel, Kiel 1973.

1989 Ulrich Schulte-Wülwer. ‚Malerei in Schleswig-Holstein. Katalog der Gemäldesammlung des Städtischen Museums Flensburg‘, Heide, 1989.

1990 Dietmar Albrecht. ‚Literaturreisen. Barlach in Wedel, Hamburg, Ratzeburg und Güstrow‘. Stuttgart 1990.1991 H.-Peter Widderich. ‚Ein Gemälde von August Schenck für das Detlefsen-Museum in Glückstadt‘. In: Steinburger Jahrbuch 1991.

2012 Tania Schlie ‚Eine Herde, zwei Künstler.‘ In: Norddeutsche Rundschau‘, 21.4.2012.

2012 Daniel Baduel/Aude Bertrand/Christian Dauchel, ‚L'École d'Ècouen une colonie de peintres.

Von Ivenfleth nach Itzehoe – die Geschichte des Klosters Itzehoe

Ingo Lafrentz

Vorbemerkung

„Die Mär der kasernierten Stiftsdame, die – abgeschoben in einer Versorgungsanstalt – brav ihre Gebete für ihre Ahnen und andere Wohltäter herunterleiert, beherrscht noch immer die allgemeine Einschätzung der weiblichen Frömmigkeit des Mittelalters. Damit wird nun endlich Schluss gemacht."[1] Mit dieser energischen Feststellung aus einer Besprechung zur Ausstellung „Krone und Schleier" über mittelalterliche Frauenklöster möchte ich beginnen und hoffentlich im Verlauf meines Vortrags noch andere überholte Ansichten über damalige Frauenfrömmigkeit korrigieren.

Um es vorweg zu nehmen: ich halte keinen wissenschaftlichen Vortrag, in dem ich Ihnen eigene Forschungsergebnisse vorlegen kann. Wohl aber beruhen meine Ausführungen auf der jahrelangen Beschäftigung mit wissenschaftlicher Sekundärliteratur und Quellentexten zum Thema mittelalterliche Klöster bzw. in unserem Fall des Adeligen Klosters Itzehoe, das bekanntlich bis heute existiert – zusammen mit den drei anderen adeligen Damenkonventen in Schleswig-Holstein: Uetersen (OCist), Schleswig (St. Johannis-Kloster, OSB) und Preetz (OSB).[2]

Können Sie sich vorstellen, dass es in den Herzogtümern im ausgehenden Mittelalter an die 30 Klöster und Konvente gegeben hat? Von

---

1   *„Frauenfrömmigkeit im Mittelalter", in : Das Münster 2/2005, S.223, Krone und Schleier, Kunst aus mittelalterlichen Frauenklöstern, München (Hirmer) 2005*

2   *OCist = Ordo Cisterciensis / Zisterzienser , OSB = Ordo Sancti Benedicti / Benediktiner*

den meisten gibt es nur noch, wenn auch beachtliche, bauliche Reste: z.B. in Bordesholm, Ratzeburg, Cismar oder St.Annen, Lübeck.

I. Zur historischen Einordnung

Zunächst möchte ich Ihnen in einer kurzen Skizze die historischen Umstände schildern, denen das Kloster Ivenfleth, das bald nach seiner Gründung um das Jahr 1230 nach Itzehoe verlegt wurde, seine Gründung verdankt. Das Kloster war übrigens wie fast alle Zisterzienserklöster ein Marienkloster, stand also unter der Schutzherrschaft der Mutter Gottes. Zur Weihe erhielt es das Patrozinium „beata Maria virgo."

Erst die für Adolf IV. (1195–1261) von Schauenburg siegreiche Schlacht bei Bornhöved im Juli 1227, durch die er seine Lehen Holstein und Stormarn zurück eroberte, festigte die Verhältnisse in Holstein dauerhaft soweit, dass Grundherrschaft, Lehnswesen, Gerichtsbarkeit, ein den Schauenburgern verpflichteter Dienstadel (später: Ritterschaft genannt) Einzug halten konnten. Graf Adolf und seinen Söhnen gelingt der Aufbau einer regelrechten Landesherrschaft – eines „modernen" Territoriums im mittelalterlichen Sinne.

Ganz entscheidend war die Stadtentwicklung, die Gründung von Städten als Stützpunkte für Handel und Verkehr, als Zentren politischen und religiösen Lebens. Zwischen 1227 (Bornhöved) und 1300 wurden in Holstein folgende Städte gegründet: Eutin, Heiligenhafen, Itzehoe, Krempe, Kiel, Lütjenburg, Neustadt, Oldenburg, Oldesloe, Plön, Rendsburg, Segeberg und Wilster. Von Graf Adolf allein: Plön 1236, Itzehoe 1238, Kiel 1233/42, Oldenburg 1240, Neustadt1244, Oldesloe 1249.

Aus dem Jahre 1238 stammt das Privileg Adolfs IV. zur Begründung einer städtischen Siedlung Lübschen Rechts, das Marktrecht, Gerichtsbarkeit und Ratsverfassung umfasste, für Fernkaufleute innerhalb der bis dahin wohl bis auf die Burg der Billunger bzw. deren Reste wüsten Störschlinge, jetzt Neustadt genannt. Diese Itzehoer Stadtgründung ist wiederum die Voraussetzung für die spätere Ansiedlung des Klosters, das bald draußen in der Störmündung wegen der häufigen Überflutungen und Sturmfluten nicht länger überleben konnte.[3]

---

3   *Teilweise war die Stör schon eingedeicht, zuerst aber nur mit sog. Überlaufdeichen.*

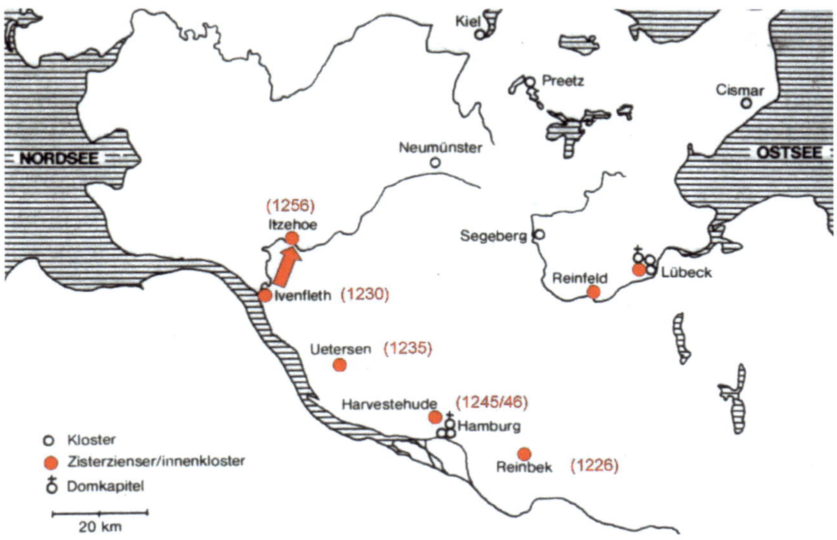

Klöster und Stifte in Holstein im 12. und 13. Jahrhundert.

So wie es bis Bornhöved in Holstein nur zwei Städte gab, nämlich Lübeck und Hamburg, waren auch die kirchlichen Strukturen seit der Christianisierung im frühen Mittelalter wegen der ungeklärten Machtverhältnisse (z.B. „Wendengefahr") kaum ausgeprägt. In Westholstein gab es nur vier Taufkirchen: Hamburg, Heiligenstedten, Schenefeld (Steinburg) und Meldorf. Aus Dithmarschen konnte man hören, dass hier schon einmal die Boten des Hamburger Dompropsten bei der jährlichen Einziehung des Kirchenzehnts von den Bauern erschlagen wurden. Keine guten Voraussetzungen für eine kirchliche Struktur in der Fläche.

Das änderte sich jetzt mit der Gründung von neuen Bistümern bis hinunter zu Kirchspielen und Pfarreien, angelehnt an die Schutzgarantien einer festen Landesherrschaft.

II. Gründung durch Graf Adolf IV. von Schauenburg

Nur aus späteren Urkunden wissen wir, dass das Zisterzienserinnenkloster um 1230 in Ivenfleth (heute Teil Borsfleths) auf einer Wurt inmitten der Störmündung in die Elbe erbaut worden ist.[4]

Eine Stiftungsurkunde gibt es nicht. Und warum gerade hier in exponierter Lage, den Stürmen und Fluten ausgesetzt? War es etwa ein Kloster „strafversetzter" Damen, wie Voß meinte?[5] Wir wissen es nicht. Bekannt ist aber allgemein, dass die Feldklöster der Zisterzienser bevorzugt an Stätten errichtet wurden, die andere Orden eher mieden: Wüsteneien, Wälder, unerschlossenes und unbesiedeltes Land – also in weltabgeschiedener Lage. Man sagte später: Benedictus in monte / Bernhardinus in valle / Franciscus in vico.[6]

Auf jeden Fall können wir davon ausgehen, dass Graf Adolf IV. der Fundator, der Gründer, gewesen ist. Er war einer dieser mittelalterlichen Adeligen, die die Bereitschaft zu kriegerischer Gewaltanwendung und inniger Frömmigkeit in ihrem Charakterbild vereinten. Noch 1238 nimmt er als christlicher Krieger an einem Kreuzzug nach Livland teil und trat im Jahr darauf als Frater Adolphus, einem Gelübde folgend, das er vor der Schlacht bei Bornhöved abgegeben hatte, wenn ihm der Sieg geschenkt würde, in das Hamburger Franziskanerkloster ein und starb 1261 im Kieler Franziskanerkloster als Mendikant (Bettelmönch) und ist dort auch beigesetzt worden.

Eine Klostergründung war damals keine Kleinigkeit. Das wollte gut überlegt und geplant sein, wobei besonders bei den Zisterziensern Gefahren für Leib und Leben nicht gescheut wurden. Galt es doch die Benediktsregel[7] wieder mit Leben zu erfüllen: Ora et labora! Armut, Askese, Gehorsam, Keuschheit – lebenslange Klausur, beständiger Ge-

---

4   *ebenso in dieser Zeit: 1226 Reinbek, 1234/35 Uetersen, 1246 Harvestehude, alle O Cist., deren Mutterkloster wohl Reinfeld gewesen ist (gegr. 1186).*

5   *Otto Voß, Die Entwicklung des Itzehoer Nonnenklosters von seinen Anfängen bis zum Ausgang der Reformation, Phil.Diss., Kiel 1948 (Masch.schrift) – „Pönitenzkloster".*

6   *„Benediktiner auf dem Berg, Bernhardiner im Tal, Franziskaner in der Stadt".*

7   *Die Benediktsregel / Benedicti regula, Stuttgart (Reclam) 2009 - entstanden vor 550 n.Chr.*

betsdienst für das Seelenheil Lebender und Verstorbener (sog. memoria). Und dann war immer wieder durch das ganze Mittelalter eine ähnliche Entwicklung zu beobachten: Durch hohes Arbeitsethos, Bildung, Frömmigkeit, Schenkungen und Privilegien wurden Klöster reich an Ansehen und Besitz, was wiederum dazu führte, dass die monastischen Tugenden in Vergessenheit gerieten und sich Reformklöster strenger Observanz bildeten, um Missstände abzustellen. So auch die Gründung des ersten Zisterzienserklosters Cîteaux 1098 durch den Benediktinermönch Robert von Molesme mit den späteren Primarabteien Clairvaux, Morimond, Pontigny und La Ferté. Allein zwischen 1098 und 1300 entstanden so nach dem Filialsystem[8] 525 Neugründungen. Bis ins 15.Jh. waren es 742 Männer- und über 1000 Frauenzisterzen.

III. Frauenkonvente, Zisterzienser, Leben im Kloster

Und nun also auch in Ivenfleth an der Stör, in der Zeit des religiösen Aufbruchs in West- und Mitteleuropa und einer geradezu explodierenden Frauenfrömmigkeit (Elisabeth von Thüringen gest. 1231, Mechthild von Magdeburg gest. 1282)!

Rein (kirchen)rechtlich geschah dies in einem durchaus heiklen Geflecht an Zuständigkeiten zwischen dem Landesherrn, dem Erzbischof von Bremen-Hamburg, vielleicht auch noch dem Vaterabt (pater immediatus) des Mutterklosters Reinfeld.

Die geistlichen und weltlichen Gewalten zogen längst nicht immer an einem Strang und waren oft Rivalen mit divergierenden Interessen. Ob der Ivenflether Frauenkonvent überhaupt jemals förmlich in den Zisterzienserorden inkorporiert war, darf bezweifelt werden. „ Die Frauenkonvente der Zisterzienser in Holstein waren nicht in den Orden inkorporiert. Sie lebten nach den Ordensvorgaben aus Cîteaux, waren aber in allen Rechts- und Organisationsfragen dem örtlichen Bischof untergeordnet.“[9] Ausgerechnet im Gründungsjahr des Klosters Ivenfleth verbot das Generalkapitel in Cîteaux die weitere Aufnahme von Frauenkonventen in den Orden und bat auch den Papst, dies nicht mehr

8   *Mutterklöster gründeten Filialklöster, und diese wurden dann selbst zu Mutterklöstern weiterer Filialisten.*

9   *Lars Lohmann, Glauben – Wissen – Leben, Katalog, 2011, S. 179.*

zuzulassen.[10] Das Verbot ist im HRR[11] nicht eingehalten worden, wie man überhaupt im Mittelalter, ganz im Ggs. zu unserer landläufigen Auffassung, sehr pragmatisch verfahren konnte.

Jedoch konnte kein Mönch, keine Nonne in ein Kloster eintreten oder überwechseln, ohne dass nicht grundlegende bauliche und andere Voraussetzungen gegeben waren: Kirchbau und Wohnstätten mussten zumindest weitgehend fertig gestellt, ein Grundstock von geistlichen Büchern musste vorhanden sein. Aus einer Reinfelder Urkunde wissen wir, dass es einen solchen Büchertransfer nach Ivenfleth gegeben hat.[12] Was fehlte, musste von den „sorores scriptores"[13] abgeschrieben werden. Die Abschrift heiliger Texte war Gotteslob.

Der Eintritt in ein Kloster war, ganz anders als wir heute zu denken gewohnt sind, kein ungewöhnlicher oder gar unverständlicher Rückzug aus dem Leben. Für eine Frau war der Eintritt in ein Kloster zwar ein Verzicht auf ein Leben in der gewohnten Umgebung und in ihrer Familie, dafür gewann sie die hohe Achtung ihrer Mitmenschen, bekam im Vergleich zum Leben außerhalb eines Klosters als Novizin eine vorzügliche Ausbildung (Lesen, Schreiben, Grundkenntnisse in Latein, Weben, oft auch Buchmalerei), lebte fortan in einer festen Gemeinschaft Gleichgesinnter (vita communis) und genoss deren Fürsorge auch im Alter und bei Krankheit, war versorgt und geschützt für ihr ganzes irdisches Leben. Die Grundausstattung eines Klosters war besser als der in den meisten Laienhaushalten. Das alles verlieh dem Eintritt in einen Orden besonders für Frauen große Anziehungskraft. Und was wir nicht unterschätzen dürfen: das Leben ganz Christus und der hl. Maria zu weihen, war damals das Höchste, was ein Christenmensch für sein Seelenheil tun konnte. Mittelalterliche Menschen hatten, anders als wir, keine Angst vor dem Tod, der konnte jeden schnell ereilen, wohl aber vor dem Jüngsten Gericht und der ewigen Verdammnis.

10   *Klaus Schreiner, Seelsorge in Frauenklöstern…, in: Krone und Schleier, a.a.O., S. 57.*

11   *HRR: Heiliges Römisches Reich (deutscher Nation).*

12   *Martin J. Schröter, Kloster Reinfeld Eine geistliche Institution im Umfeld der Hansestadt Lübeck 1186/90, I Geschichte, Qellen und Forschungen zur Geschichte Schleswig-Holsteins, Bd.117, Neumünster (Wachholtz) 2012.*

13   *„schreibende Schwestern".*

Zu einem vollständigen Kloster gehörten Kirche (bei den Zisterziensern zunächst sehr schlicht und vielfach nur mit einem Dachreiter), Refektorium (oft der einzig heizbare Raum), Dormitorium, Skriptorium, Kreuzgang, Garten und Friedhof, Infirmerie, Necessarium, Abtissinnenhaus, Brauhaus, Gästehaus – das Ganze wird, abgeschlossen von einer Mauer, dann das claustrum, die Klausur, genannt, die nur in Ausnahmefällen, wenn überhaupt, verlassen werden durfte und die niemand ohne besondere Erlaubnis betreten durfte.[14]

Dem Kreuzgang um einen oftmals rechteckigen Kreuzhof kam in einem Kloster eine besondere Bedeutung zu: von hier aus waren die wichtigsten Räume der Klausur zu erreichen, er war Ort von Prozessionen, Lesungen, Totenfeiern und Bestattungen, vor allem aber Zugang zur Nonnenempore, die bei Klosterkirchen, die gleichzeitig Pfarrkirchen waren, meistens im Westen der Kirche lag. Von hier aus nahmen die Nonnen am Gottesdienst teil, ohne gesehen zu werden, streng getrennt von der Gemeinde (Abschrankung).

Die Klausur galt grundsätzlich ein Leben lang, ein Zurück ins weltliche Leben gab es nach der Profess[15] nicht. Mädchen konnten von ihren Eltern schon mit 6 oder 7 Jahren zusammen mit einer Güterschenkung („Leibgedinge") ins Kloster gegeben werden, besuchten dann als Novizinnen[16] die Klosterschule und legten das Gelübde (professio religiosa) mit 16 bzw.17 Jahren ab. Dieses Ereignis wurde auch Tag der Einschließung, Jungfrauenweihe oder Nonnenkrönung genannt. Anderswo sprach man davon „den Schleier zu nehmen" – Schleier als Symbol der Vermählung mit Christus, dem Brautschleier entsprechend.

Ein kleiner, sich selbst versorgender Kosmos – autark sollten die Klöster möglichst sein – mit weiter Ausstrahlung ins Land als Stützen der Landesherrschaft, landwirtschaftliche Musterbetriebe, Stätten der Bildung und Schule[17] nicht zuletzt wichtig für Armenfürsorge und Almosen und als Herberge für Pilger. Dazu kamen besonders auf den Landbesitzungen (Grangien), die zu bewirtschaften waren, Laienbrüder (Konversen) bzw. Laienschwestern, Lohnarbeiter, Kätner, hörige Bauern und deren

14   *unser Wort Kloster leitet sich von diesem Wort ab.*

15   *feierliche, endgültige und kirchenrechtlich gültige Aufnahme in ein Kloster.*

16   *das Noviziat dauerte mindestens ein Jahr.*

17   *nach Voß, a.a.O., war in Itzehoe eine Klosterschule vorhanden.*

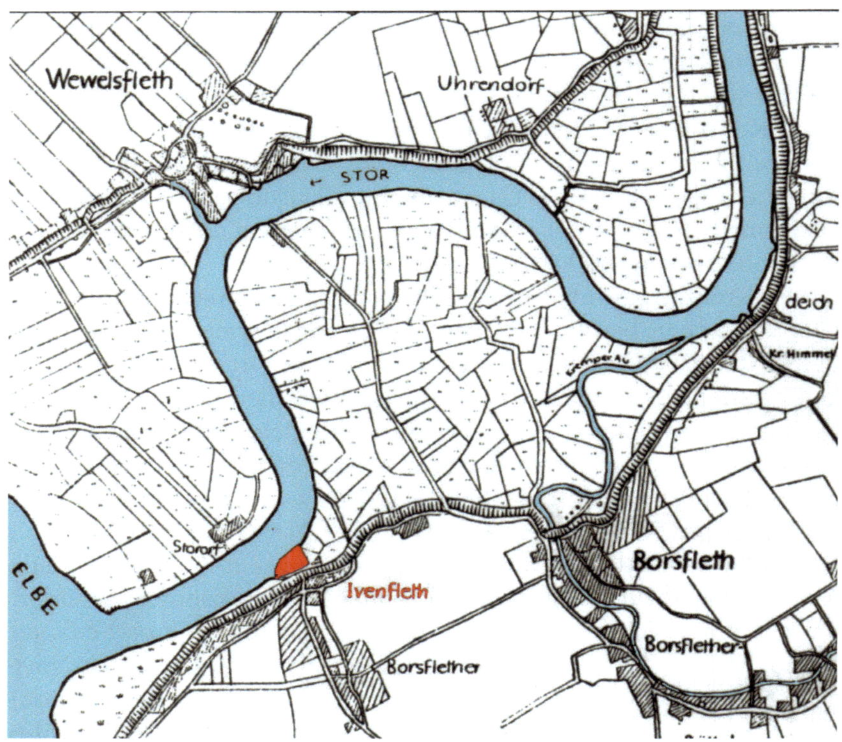

Die Lage des Klosters bei Ivenfleth auf der Wurt im Borsflether Außendeich (Kartengrundlage: Haarnagel 1937, Tafel I).

Mägde und Knechte. Und immer wieder sagte sich hoher Besuch an von Adeligen und Fürsten, die standesgemäß untergebracht und beköstigt werden mussten, besonders wenn von ihnen Bekräftigung alter Rechte oder neue Privilegien zu erwarten waren. Die blieben nicht selten lange und stellten Klöster materiell vor große Probleme und zwangen zu enormer Vorratshaltung. „Klösterliche Ökonomie und religiöse Zielsetzung standen demnach sowohl bei Männer- als auch bei Frauenklöstern des Mittelalters in einem wechselvollen Spannungsfeld."[18] Die religiöse Zielsetzung stand immer oben an, musste aber mit der wirtschaftlichen

18 *Werner Rösener, „Haushalt und Gebet, Frauenklöster als Wirtschaftsorganismen", in: Krone und Schleier, a.a.O., S.86.*

und materiellen Lage in Einklang gebracht werden, ohne dass diese in den Vordergrund trat. Deswegen war trotz aller Abschließung eine ständige Verbindung zur Außenwelt lebensnotwendig.

Das alles wird für die Klosterwurt bei Ivenfleth, in exponierter Lage an Stör und Elbe, nur mit Einschränkungen gegolten haben. Schon nach 26 Jahren konnten es die Nonnen hier nicht mehr aushalten und baten ihren Landesherren um einen sicheren und trockenen Platz am Rande der Geest. Da traf es sich gut, dass die Schauenburger bei der 1238 gegründeten Neustadt Itzehoes Platz hatten – einen Herrengarten, den heutigen Prinzesshof.[19] Auch die Laurentii-Kirche gab es schon, wird doch 1196 erstmalig ein Priester in Itzehoe erwähnt. Ivenfleth fiel nach 1256 allmählich wüst und diente als Steinbruch für den Bau der Steinburg.

Diese Verlegung des Klosters nach Itzehoe beschert uns die ersten beiden Urkunden zu seiner Existenz. Beide stammen aus dem Jahr 1256 und befinden sich heute im Hamburger Staatsarchiv. Die erste Urkunde ist die Genehmigung des Grafen und des Hamburger Propstes zur Niederlassung in Itzehoe. In der zweiten Urkunde übertragen die Söhne und Erben Graf Adolfs – Johann und Gerhard – ihr Patronatsrecht an der St. Laurentii-Kirche der Äbtissin und dem Klosterkonvent in Itzehoe (abbatissam et conventum). 1286 geht die Kirche mit allen Einnahmen in den Besitz des Klosters über, bleibt aber weiterhin auch Pfarrkirche der Gemeinde.[20]

Wir können konstatieren, dass sowohl bei der Gründung des Klosters draußen in der Störmündung als ebenso bei der Neuansiedlung in Itzehoe die Schauenburger Landesherren eine ganz entscheidende Rolle als Fundatoren und Donatoren gespielt haben. Diese enge Bindung an den Landesherren und seine Lehnsmannen wird dazu geführt haben, dass immer mehr – die unverheirateten – Töchter dieser adligen Familien aufgenommen und sich daraus eine zunehmende Exklusivität zugunsten adliger Frauen ergab, die sonst von vornherein prinzipiell nicht ge-

---

19 *wohl erst in späteren Jahren Bauten in direkter Nachbarschaft zur Kirche.*

20 *Auch diese Urkunden enthalten keine Erwähnung Ivenfleths. Das geschieht erst in Urkunden von 1263 und 1298, in denen der zuständige Diözesanbischof in Bremen nachträglich seine Zustimmung zur Verlegung des Klosters erteilt, was einen Zuständigkeitskonflikt zwischen Landesherrschaft und Erzbistum belegt.*

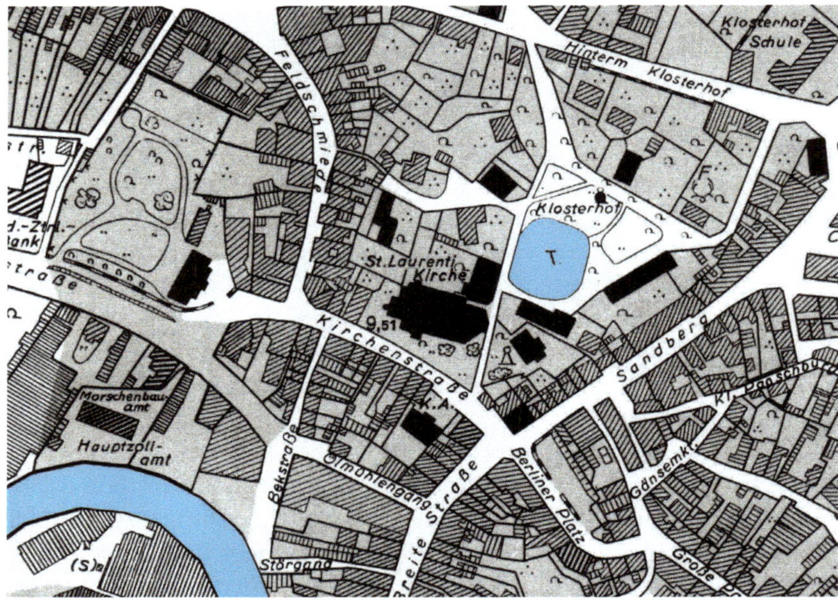

Stadtplan von Itzehoe mit der Lage des Klostergeländes.

geben war. Noch 1373 wird uns berichtet, dass ein Itzehoer Bürger mit Namen Heino Sifridi seiner Tochter Alheydis den Zehnten von Bekmünde als Leibrente mit ins Kloster gab. Diese Rente sollte nach ihrem Tod an den Konvent fallen. Durch solche Schenkungen und sog. Leibgedinge, die bei Eintritt gezahlt wurden, ist das Itzehoer Kloster reich geworden. Die später nur noch adligen Töchter wurden regelrecht ins Kloster eingekauft, zwar war dies ein klarer Verstoß gegen Gelübde, Ordensregel und Kirchenrecht[21] – aber, wie gesagt – im einzelnen verfuhr man sehr pragmatisch, zumal die Interessen des Landesherren und der Ritterschaft dahinter standen. Die Mitgift, die die Tochter von ihrer Familie bekam, mag vielleicht kleiner gewesen sein als bei einer standesgemäßen Verehelichung und Verbindung mit einer anderen adligen Familie. Und manche Adligen hatten zahlreiche Töchter zu vergeben. Wir haben Nachricht von einem Leibgedinge im Jahre 1368 über 105 Mk., was 3 Hufen Land entsprach bei einer durchschnittlichen Betriebsgröße

---

21 *Verbot des Ämterkaufs, der sog. Simonie, vgl. Apostelgeschichte 8,5-24.*

eines Bauernhofes von 1 bis 2 Hufen. Je nach Zeitläuften umfasste der Itzehoer Konvent zwischen 20 und 50 (1350 40–50, 1595 21) Nonnen. Da kam Einiges zusammen. Die Äbtissin durfte nur so viele Nonnen in den Konvent aufnehmen, wie mit den einkommenden finanziellen Mittel (stipendia) unterhalten werden konnten.

Wir müssen uns das Kloster Itzehoe in seinen besten Jahren als einen großen Gutsbetrieb vorstellen, der durch Schenkungen, Stiftungen, Renten, Kauf und Geldgeschäfte zu einem beträchtlichen Streubesitz zwischen Meimersdorf bei Kiel und Äbtissinwisch an der Grenze zu Dithmarschen bestand und ganze Dörfer umfasste, die wie z.B. Sude, Pünstorf (Grangie, ganz und direkt vom Kloster bewirtschaftet) und Edendorf. Sie waren zu Abgaben (Grundheuer, Zins, Abgabe von Naturalien) und Frondiensten (Hand- und Spanndienste, Gestellung von Botengängern) verpflichtet. Dafür war das Kloster gehalten, sie in allen Notlagen, bei Missernten und Kriegen zu schützen und ihnen dann zu liefern, was zum Überleben nötig war. Einen abgerundeten Besitz wie im Falle des Preetzer Benediktinerklosters[22] hat Itzehoe nie erreicht. Jedoch einen beträchtliche Besitz in Streulage in 67 Dörfern in West- und Mittelholstein bis vor die Tore Kiels.

Für alle Bewohner von Klosterland, für die hörigen Bauern und die Bürger des Itzehoer klösterlichen Anteils hatte die Äbtissin die weltliche Jurisdiktionsgewalt und gebot als Lehns-, Grund- und Leibherrin über Land und Leute. Die peinliche Gerichtsbarkeit, die Halsgericht- oder Blutgerichtsbarkeit, in der über Leben und Tod eines Klosteruntertanen entschieden wurde, lag bei dem jeweiligen Landesherren. Als Warnung und zur Abschreckung stand auf dem bronzezeitlichen Grabhügel in der klösterlichen Jurisdiktion der klösterliche Galgen („Galgenberg", seit 1938 sog. Germanengrab[23]).

An der Spitze des Itzehoer Klosters standen die Äbtissin, ihre Vertreterin, die Priörin und der Verbitter (in den anderen Konventen Kloster-

---

22 *fast die ganze heute sog. Probstei, zu Beginn des 16.Jh. 22 Tsd. ha, vgl. Johannes Rosenplänter, Kloster Preetz und seine Grundherrschaft, Neumünster (Wachholtz) 2009.*

23 *Ingo Lafrentz, „Inszeniertes Germanentum, das sog. Germanengrab in Itzehoe", AKENS 52/53, 2010/11, S.16-47.*

propst genannt) als Vertreter der Ritterschaft für die weltlichen Angelegenheiten.[24]

Die Äbtissin als Frau war rechtsunmündig und bedurfte der männlichen Begleitung bzw. Vertretung in allen geschäftlichen und weltlichen Angelegenheiten. Äbtissin und Nonnen waren keine Priester. Die Frauen konnten die Messe nicht feiern, die Beichte nicht abnehmen ohne einen externen Pfarrer (1.Tim., 2,12). Seelsorge in Frauenklöstern war Männersache mit allen Problemen, die damit verbunden waren. Andererseits hatte die Äbtissin ein Mitbestimmungsrecht bei der Einsetzung von Pfarrern, entschied allein über Aufnahme von Novizinnen und Nonnen und wirkte durch die Kraft ihrer Persönlichkeit oft auch in Konkurrenz zum Verbitter bzw. Klosterpropsten. Der Tageslauf der Nonnen war gefüllt mit den ihnen aufgetragenen Gebetsverpflichtungen, den kanonischen Horen, für das Seelenheil des Stifters und seiner Familie und anderer lebender oder verstorbener Donatoren bzw. Wohltäter, die in den entsprechenden Memoralia aufgeführt waren. In der Regel verrichteten sie keine schweren körperlichen Arbeiten und hatten mit ihren Obliegenheiten im christlichen Jahreskreis (Ostern, Pfingsten, Fastenzeiten, Weihnachten, Feiertage) eine Fülle von Aufgaben zu erledigen: Weben, Sticken, Spinnen, Schreiben, Buchmalerei. Dafür gab es zahlreiche innerklösterliche Ämter: Novizenmeisterin, Schulmeisterin, Gastmeisterin, Schreiberin (styli), Pförtnerin an der Klosterpforte mit dem vergitterten Sprechfenster und der Klappe zum Durchreichen von Nahrung bzw. milden Gaben.

Äbtissin und Nonnen bildeten den Konvent, der regelmäßig im Kapitelsaal[25] (capitulum/ Bibellese) zusammenkam. War eine Äbtissin verstorben, wählte der Konvent hier eine Nachfolgerin, die mindestens 30 (?) Jahre alt und von ehelicher Geburt und – in Itzehoe – von adliger Abkunft sein musste.

Itzehoer Äbtissinnen waren regelmäßig auf dem Kieler Umschlag (seit Ende des 15.Jh.) zugegen und verhandelten mit ihren adligen Standesgenossen über Geldgeschäfte, Erwerb von Ländereien und Rechtstitel, zu deren Beurkundung es allerdings der Gegenzeichnung des Verbit-

24 *das Amt der Priörin war in IZ nicht durchweg vergeben / „Verbitter" kommt aus dem Niederdeutschen und heißt „Vertreter" (verbeden = vertreten).*

25 *der jetzige Kapitelsaal mit Rokokostuck stammt aus dem Jahre 1723.*

ters bedurfte. So sollte das Kloster 1526 1000 Mk. an den Landesherren zahlen. Äbtissin Katharina Rantzau konnte sich das Geld mühelos von befreundeten Adligen leihen.

Zum Kloster gehörten Ziegeleien, Tischlereien, Schmiede (Feldschmiede), Mühlen (Zwangsmühlen[26]), Stellmacher, Viehzüchter, Fischmeister (Teichwirtschaft). Überschüsse wurden vor Ort oder in großen Städten verkauft (das Preetzer Kloster hatte z.B. in Lübeck einen eigenen Klosterhof mit zahlreichen Speichern).[27]

IV. Herausforderungen und Gefahren, Reformation

Die Jahre 1459 / 1460, das Aussterben der Holsteinisch-Rendsburger Linie der Schauenburger, die Wahl Christians I. und das Privileg von Ripen brachten zunächst nur wenige Veränderungen. Von nun an war der jeweilige dänische König als Graf von Holstein – ab 1474 Herzog – Landesherr und damit weltlicher Herr des Itzehoer Klosters, die geistliche Aufsicht lag weiter bei den Weltgeistlichen des Hamburger Domkapitels bzw. dem Erzbischof von Bremen.

In der Reformationszeit kam das Kloster in stürmische Jahre. Stadt und Land waren unter König Christian III. schon zur lutherischen Lehre übergegangen, das Kloster aber blieb unter seiner Äbtissin Katharina Rantzau noch länger altgläubig. Sie hielt zäh am alten Glauben fest, ließ sich auch von ihrem Bruder Johann nicht umstimmen.

Im Jahre 1541 war es dann doch soweit. Das Kloster wurde evangelisches Damenstift. Katharina trat 1547 von ihrem Amt zurück (gest. 1564). Katharina Pogwisch wurde erste lutherische Äbtissin – beider Epitaphien hängen nebeneinander im Itzehoer Kreuzgang (Partich genannt, von lat. Portikus = Säulengang).

Dem Übergang vorausgegangen war eine Art Notruf der Itzehoer Nonnen aus dem Jahre 1538: In einem Bittbrief an König Christian III. legten 28 der 41 Damen „untertänigst" dar, dass sie nicht mehr zur Heuchelei gezwungen sein wollten, die alten Gesänge nicht mehr anstim-

---

26 *Bauern waren in der Regel einer bestimmtem Mühle zugeteilt und konnten nur dort ihr Korn mahlen lassen.*

27 *vgl. Rosenplänter, a.a.O.*

St Laurentii Kreuzgang. Foto PA Lafrentz.

St Laurentii Klosterempore mit Wappen. Foto PA Lafrentz.

men wollten, sondern lutherisch zu singen beabsichtigten.[28] Für den 25. Februar 1538 hatte Christian III. (1503-1559) eine erste (ev.) Synode nach Rendsburg eingeladen, in der Nicolai-Kapelle am Itzehoer Markt wurde schon evangelisch gepredigt, die Sache war sowieso nicht mehr aufzuhalten . Die Stadtväter rechneten mit einer Auflösung des Klosters, begehrlich schauten sie auf seine Schätze und seinen Besitz und erhofften sich endlich eine Ausdehnung des Stadtfeldes in der Altstadt, wo das Kloster von jeher das Wachsen der lübschen Stadt behindert hatte (fast 150 Häuser lagen auf Klostergrund). Das Kirchensilber wurde auf Geheiß des Königs an Hamburger Goldschmiede verkauft. Manches glich eher einer Plünderung und wurde achtlos beiseite gebracht, zerstört, weil nicht mehr benötigt, oder verwahrloste.[29]

Der immobile Klosterbesitz aber blieb unangetastet – ebenso wie bei den Damenkonventen in Uetersen, Schleswig und Preetz. Denn sie genossen den Schutz der Ritterschaft, aus deren Familien die Konventualinnen stammten. Der Adel war an der Existenz dieser Konvente als Versorgungsanstalten seiner unverheiratet gebliebenen Töchter und der Witwen grundsätzlich weiter interessiert.

Eine weitere große Prüfung für den Bestand des Klosters waren der Klosterbrand 1556 und besonders der Große Stadtbrand vom 7./8. (17./18.) August 1657, als Itzehoe im Schwedisch-Dänischen Krieg mit glühenden Kugeln aus den Kanonen der Artillerie des Schwedenkönigs Karls X. Gustav in Brand geschossen wurde und in Flammen aufging. Nur ein Teilstück des spätgotische Kreuzgangs an der Nordseite

28 *W. Jensen edd., Aus alten Itzehoer Archiven, Itzehoe 1938.*

29 *Änderungen in Liturgie und Gottesdienst. Insgesamt vollzog sich der Übergang zum reformatorischen Christentum hier friedlich und allmählich. Kirchenordnung Bugenhagens 1542.*

der St.Laurentii-Kirche blieb übrig. Der alte Klosterhof und das, was vom Kloster an Gebäuden noch vorhanden war, versanken in Schutt und Asche, wurden allerdings, dem Adel und dem dänischen König sei es gedankt, wieder aufgebaut, das Äbtissinhaus 1696 durch Christian V. Mit der Klausur früherer Tage war es jetzt allerdings endgültig vorbei. Die adligen Konventualinnen lebten in getrennten Häusern auf dem heutigen Klosterhof ein standesgemäßes Leben, übrigens bis ins 20. Jahrhundert.

Nur unverheiratet mussten sie sein und von Adel, wie früher auch. Sie konnten den Klosterhof verlassen, wann immer sie wollten, abends wurden die Eingänge zur Stadt allerdings geschlossen. Unmöglich, dass eine Konventualin außerhalb des Klosters übernachtete – es sei denn sie war auf Besuch bei ihren adligen Anverwandten. Die soziale Kontrolle und der standesgemäße Zusammenhalt blieben erhalten.

In den Jahren 1716 bis 1718 wurde die 1657 ebenfalls zerstörte St.Laurentii-Kirche endlich wieder aufgebaut[30] nach einem jahrelangen Hinundher zwischen Kloster bzw. Landesherrschaft und der Stadt über die Finanzierung des Baus. Die Stadt verwies auf die Tatsache, dass es sich um die Klosterkirche, das Kloster darauf, dass es sich um die Pfarrkirche handelte. Erst mit Hilfe einer „Lotterey" des Königs kam die Sache voran. So wurde die Kirche am Tag ihrer Zerstörung, dem 7.August 1719, von Propst Kirchhof wieder eingeweiht.

Bereits vier Jahre nach der Zerstörung der Kirche hatte Margaretha Kielmann verh. Wasmer (1609–1691) der Kirche einen neuen, barocken Schnitzaltar und eine neue Kanzel gestiftet. Sie war verheiratet gewesen mit Benedict Wasmer (1599–1660), Ratsherr und Klosterschreiber. Altar und Kanzel sind in Hamburg angefertigt worden, wohin Margaretha Wasmer nach dem Tod ihres Mannes verzogen war. In die neue Kirche wurde unter der Orgelempore ein Nonnenchor, auch Klosterempore genannt, eingebaut mit eigenem Zugang vom Mittelalter Kreuzgang her. Kreuzgang und Klosterempore sind bis heute Eigentum des Klosters.

Da das Kloster unter der Ägide der SH-Ritterschaft schon säkularisiert war, änderte das Ende des HRR (1803/06) an diesem Zustand nichts. Und auch Napoleons Macht reichte nicht soweit in den Norden, dass ein Ende des Itzehoer Klosters befürchtet werden musste, obwohl

---

30 *als sechsachsige, barocke Saalkirche.*

Dänemark mit Napoleon verbündet war und nach seiner Niederlage seinen Status als Großmacht verlor und die Besatzung der alliierten Sieger über sich ergehen lassen musste (Kosakenwinter). Erst im Jahre 1823 erhielten Klosterbewohner von der Stadt das Gewerberecht, was bis dahin immer verweigert worden war. Mit der Bauernbefreiung und der Parzellierung der Ländereien endete im Laufe des 19.Jh. auch die adlige Gutswirtschaft und damit die eigentliche Grundlage von adliger Kloster- bzw. Grundherrschaft.

V. Die Entwicklung im 19. und 20. Jahrhundert

Die nächste große Umbruchzeit zog mit der der SH-Erhebung 1848 und den darauf folgenden Kriegen herauf bis zur Prussifizierung durch Bismarcks Machtpolitik in den Jahren 1866/67, in dessen Folge die jahrhundertealte Personalunion mit Dänemark und die Zugehörigkeit zum dänischen Gesamtstaat unwiderruflich zerrissen. Schleswig -Holstein war jetzt eine der 12 Provinzen des Königreichs Preußen.

Itzehoe wurde Kreisstadt, der Klosterhof eine selbständige Landgemeinde. Vorausgegangen war 1861 die Vereinigung der 4 Itzehoer Rechtbezirke zu einer Stadt – nur der Klosterhof blieb eine Enklave (außer in Einquartierungs-, Schul- und Armenangelegenheiten). Seit 1889 wurde die städtische Polizeiverwaltung auf den Klosterhof ausgedehnt. Im Jahre 1875 hatte die Stadt versucht, die Landgemeinde Klosterhof einzugemeinden. Die preußische Regierung lehnte dies ab.

Kloster und Klosterhof erlebten noch einmal eine Blüte (Scheinblüte?) unter preußisch-deutscher Nationalseligkeit: die Räumlichkeiten auf der Klosterhof dienten ab 1867 hin und wieder adligen Hochzeiten als Kulisse, der Kapitelsaal erlebte Hochzeits- und Offiziersbälle und die Itzehoer hielten sich allenthalben etwas zugute darauf, Hochadel zu beherbergen. Zahlreiche Itzehoerinnen und Itzehoer hatten als Bedienstete und Haushälterinnen bei ihren „Herrschaften" auf dem Klosterhof Wohnung und Auskommen. Tratsch und Klatsch über die „Klostertanten" verbreiteten sich schnell in Itzehoer Bürgerhäusern. Die Äbtissin – allgemein „Hoheit" tituliert – saß bei allen wichtigen städtischen Ereignissen in der ersten Reihe.

Gemälde von Juliane zu Hessen-Kassel (1773–1860), Prinzessin aus dem Hause Hessen-Kassel und Äbtissin des Klosters Itzehoe.

Noch in der Zeit des dänischen Gesamtstaates hatte die Ritterschaft 1810 den Prinzessinhof (Prinzesshof) als Wohnsitz für Juliane zu Hessen-Kassel, Schwägerin des dänischen Königs Friedrich VI., gekauft. Es folgten weitere Prinzessinnen: Luise von Schleswig-Holstein-Sonderburg-Glücksburg und schließlich Marie von Schleswig-Holstein-Sonderburg-Glücksburg (gest.1941).

Besonders Juliane von Hessen-Kassel ist den Itzehoern bis in unsere Tage im Stadtbild präsent. An ihr langes Abbatiat von 1810 bis zu ihrem Tod 1860 erinnert die von der Stadt errichtete, 9 m hohe, neogotische aber gusseiserne Fiale auf dem Klosterhof[31] und nicht zuletzt das Julienstift von 1837, Itzehoes erstes Krankenhaus. Die Inschrift auf der Gedenksäule lautet u.a.: „Hochgestellt von Gott, aber demütigen Sinnes, in guten Tagen dankbar und in bösen unverzagt, den Witwen und Waisen Trost, den Notleidenden Zuflucht, lebte sie, von allen verehrt und starb von allen beweint."

Nach dem Ende des Ersten Weltkriegs und in der Zeit der Weimarer Republik wurde der Status der noch bestehenden Klöster in SH nicht verändert.

In seiner Existenz bedroht war das Kloster erst wieder in der NS-Zeit. Im Jahre 1936 wurde es gegen seinen Willen durch einen Vertrag mit der Stadt Itzehoe zu Eingemeindung gezwungen. Mit Kriegsbeginn nahmen die Pressionen zu. Die 4 Konvente standen den Nationalsozialisten mit ihrer Volksgemeinschaftideologie im Wege. Sie durften nun keine Konventualinnen mehr aufnehmen, um sie so personell auszutrocknen. Mit Beschluss des (NS) Preußischen Staatsministeriums des Inneren wurde die „bisherige Zweckbestimmung" der Klöster aufgehoben und ihnen in Zukunft als Aufgabe zugewiesen, „...hilfsbedürftigen von um Staat und Partei wohlverdienten deutschblütigen Männern, insbesondere den Töchtern von Staatsbeamten, Offizieren und Amtsträgern der Partei eine angemessene, zur Abwehr der leiblichen Not ausreichende Versorgung zu gewähren."[32] Letzter NS-Akt in Itzehoe: Nach der Beerdigung von Prinzessin Marie im Jahre 1941 wurde die seit 1835 bestehende Juliengarde, eine Ehrengarde in hübschen Fantasieuniformen zu der nur „namhafte Mannsbilder" aus der ehemals klösterlichen

---

31 *gebaut von Itzehoer Handwerkern : Marmorplatten von Steinhauer Kolbe, Eisenguss von der Fa. Eggers und Dühring (ein Zeichen der beginnenden Industrialisierung in IZ), Zeichnung und Modell (leider verloren gegangen) von Tischlermeister C. Schröder.*

32 *Volquart Pauls, „Das Klosterrecht der Schleswig-Holsteinischen Ritterschaft", ZdGfSHG, 1949, S.87 ff. (verfasst 1943).*

Jurisdiktion zugelassen waren, aufgelöst – sie besaßen alte Gewehre aus dem 19.Jh.

VI. Ausblick

Weder die Reformation, noch der Große Brand, noch das Ende der Personalunion mit Dänemark, noch der Untergang des Kaiserreichs und die NS-Zeit haben das Ende des Itzehoer Klosters bewirken können. Es ist nach fast 800 Jahren davon auszugehen, dass dies in Zukunft auch nicht geschehen.

Im Oktober 2014 verstarb die 30. Äbtissin des Adeligen Klosters Itzehoe, Gräfin Henriette zu Rantzau, nach einem Abbatiat von 25 Jahren, und der Konvent des Klosters hat gemäß den seit Jahrhunderten bestehenden Satzungen eine neue Äbtissin gewählt, Frau Gudrun von Ahlefeld. Sie ist von nun an die Leiterin des Klosters und die Sprecherin der anderen 11 Konventualinnen.

Die ökonomische Grundlage des Itzehoer Klosters – juristisch gesehen heute eine Stiftung – sind ca. 400 ha Grund und Boden (Waldbesitz, Forstwirtschaft), Immobilienbesitz und das Stiftungsvermögen.

Nach wie vor steht es unter der Schirmherrschaft der Schleswig-Holsteinischen Ritterschaft. Nach wie vor werden Mädchen aus den Familien der Ritterschaft bei den Konventen als „exspektierte Fräulein" auf eine Liste gesetzt und werden nach Konfirmation bzw. Firmung Konventualinnen und bleiben es, wenn sie unverheiratet sind, ein Leben lang. Auf dem Klosterhof wohnen müssen sie – bis auf die Äbtissin – nicht. Wohnrecht hätten sie dort schon und auch nach der alten Klosterordnung von 1632[33] ein Anrecht auf ein Fuder Holz für den Winter. Aber die über 40 Wohnungen sind frei vermietet in einer Zone der Ruhe und Beschaulichkeit mitten im Zentrum Itzehoes.

Was ein ev. Damenstift heute noch historisch und kulturell bedeuten kann, ist eine Frage, die auch von unserem Interesse und unserer Bereitschaft abhängt, dieses wertvolle Erbe mit seinen ehrwürdigen Gebäuden mitten in Itzehoe nicht nur eilig zu durchqueren, sondern auch ein wenig zu kennen und zur Kenntnis zu nehmen.

33 *Revidierte Klosterordnung vom 18.Oktober 1632, erneut revidiert 2012, Privatdruck.*

Klosterhof Tor (1966). Foto PA Lafrentz.

Ich bin davon überzeugt, dass das Itzehoer Kloster sich unter seiner neuen Äbtisssin und dem Verbitter, Graf Hans zu Rantzau-Breitenburg, der dies Amt seit 2003 inne hat, in Zukunft weiter interessierten Bürgerinnen und Bürgern sowie Besucherinnen und Besuchern öffnen wird.

Literaturverzeichnis (Auswahl in Kurzform)

Benedict und die Welt der frühen Klöster, Regensburg 2012.

Cistercian Abbeys History and Architecture, Köln 1998.

Reimer Hansen, Geschichte der Stadt Itzehoe, Itzehoe 1910.

Rudolf Irmisch, Geschichte der Stadt Itzehoe, Itzehoe 1960.

Itzehoe Geschichte einer Stadt in SH 1, Bd.l 1, Von der Frühgeschichte bis 1814, 1988.

Rudolf Krohn, Spaziergänge durch Alt-Itzehoe, Itzehoe 1926.

Ingo Lafrentz, „Das Kloster Itzehoe, sein Weg durch die Geschichte", in: Itzehoe genauer hingesehen II, Itzehoe 2005.

Dieter Mehlhorn, Klöster und Stifte in SH, 1200 Jahre Geschichte, Architektur und Kunst, Kiel 2007.

ders., Klöster in SH, Heide 2004.

Plath-Langheinrich, Kloster Uetersen, Neumünster o.J.

Ortwin Pelc, „St.Laurentii-Kirche und Klosterhof", in: Itzehoe genauer hingesehen I, Itzehoe 2000.

ders., „Das Kloster Itzehoe Vom Zisterzienserinnenkonvent zum adligen Damenstift", in: Itzehoe Geschichte einer Stadt in SH 1, Itzehoe 1988, S.43–61.

Jens Rüffer, Die Zisterzienser und ihre Klöster, Darmstadt 2008.

Franz-Karlf von Linden, Die Zisterzienser in Europa, Stuttgart und Zürich 2007.

Die Glückstädter Fortuna als Spiegel politischer Strömungen in Schleswig-Holstein vom November 1863 bis zum August 1866

Hauke Petersen

Zur Vorgeschichte meines Buches

Dieses Buch hat eine zweifache Vorgeschichte, die beide eng miteinander zusammen hängen. Zum einen basiert seine Entstehung auf der Biografie, die ich über meinen Schwiegervater Wilhelm Rettig zu Ehren seines 90. Geburtstags im Jahre 2011 geschrieben habe. Dabei habe ich mich vor allem darum bemüht herauszuarbeiten, wie sein Leben von 1921 bis 2011 mit den verschiedenen Epochen der deutschen Geschichte verknüpft ist und wie diese Epochen die entscheidenden Weichenstellungen in seinem Leben vorgenommen haben.

Das Echo in der Leserschaft auf diesen Versuch, geschichtliche Zusammenhänge in Verbindung mit persönlichen Erlebnissen darzustellen, war sehr positiv. Stellvertretend möchte ich meinen Sohn zitieren, der einmal zu mir sagte: „Papa, jetzt habe ich Geschichte zum ersten Mal richtig verstanden!"

Vor allem diese Aussage brachte mich auf die Idee, und damit komme ich auf die andere Vorgeschichte zu sprechen, meine Examensarbeit aus dem Jahre 1973 für die Realschullehrer-Prüfung im Fach Geschichte so zu überarbeiten, dass die Geschichte Schleswig-Holsteins einer breiten Öffentlichkeit verständlich wird. Daraus ist dann dieses Buch entstanden.

Wer sich mit der Geschichte von Schleswig-Holstein beschäftigt, stößt früher oder später auf ein Wort des britischen Premierministers Lord Palmerston (1784 bis 1865). Es gebe überhaupt nur drei Leute, welche die Geschichte von Schleswig und Holstein verstanden hätten, soll er gesagt haben: Der eine aber sei tot, der zweite verrückt geworden - und er selbst, der dritte, habe alles vergessen.

Schon die Lage meines Heimatortes Niebüll und meines langjährigen Wohnortes Glückstadt wirft Fragen auf. Heute liegen sie zusammen im Bundesland Schleswig-Holstein, bei ihrer Gründung lag Niebüll aber im damaligen Herzogtum Schleswig und Glückstadt im damaligen Herzogtum Holstein, und da fangen die Probleme an.

Denn das Verhältnis der beiden Herzogtümer zueinander hat eine sehr wechselvolle Geschichte. Wenn man sich mit ihr beschäftigt, stößt man sehr schnell auf den Begriff der „Schleswig-Holstein-Frage", hinter der sich eine Fülle komplexer und vielschichtiger Probleme befindet, die verschiedene politische Strömungen entstehen ließen. Sie entwickelten sich an unterschiedlichen Vorstellungen über die Beziehungen der beiden Herzogtümer zueinander, zu Dänemark und zum Deutschen Bund, in dem die vielen deutschen Fürstentümer zwischen 1815 und 1866 zu einem lockeren Staatenbund zusammen geschlossen waren und der dem 1806 aufgelösten Heiligen Römischen Reich Deutscher Nation folgte.

Diese vielen Probleme haben die europäischen Regierungen im Verlaufe des 19. Jahrhunderts wiederholt beschäftigt, was eine Vielzahl von Akten, Gesetzen und Erlassen aufzeigt. Diese haben alle eins gemeinsam, dass sie dem Betrachter einen sehr nüchternen, trockenen Einblick verschaffen, da dieser nur von geschichtlichen Fakten geprägt ist. Dadurch mangelt es ihm an Farbe und Leben, was dem Nicht-Fachmann das Verstehen der Zusammenhänge so schwierig macht. Erst wenn er sich mit anderen, subjektiveren Darstellungen wie Augenzeugenberichten oder Zeitungsmeldungen beschäftigt, gewinnt die Geschichte der beiden Herzogtümer an Farbe und wird mit Leben erfüllt.

Dabei gibt gerade die Zeitung dem Leser wohl am besten einen Eindruck von jener Zeit. Diese Erkenntnis machte ich mir, wie oben schon erwähnt, zunutze, als ich eine wissenschaftliche Hausarbeit schreiben musste. Da bot es sich geradezu an, die hervorragende Quelle, die wir hier in Glückstadt vor Ort haben, zu nutzen. Ich meine natürlich die „Glückstädter Fortuna", die die älteste Zeitung Schleswig-Holsteins ist. Mein Ziel damals war es, unsere „Fortuna" auf ihren Aussagewert über die angesprochene Problematik hin zu untersuchen, was ich dann über ein halbes Jahr lang in dem Archiv der Druckerei Augustin getan habe. So ist dann meine Examensarbeit entstanden.

Auf diese Arbeit habe ich jetzt, wie gesagt, noch einmal zurückgegriffen und mich bemüht, die Nüchternheit der geschichtlichen Fakten mit Leben zu erfüllen.

Wie bin ich nun im Einzelnen vorgegangen? Die Methode

Zunächst geht es mir darum zu klären, welcher Konflikt sich nun eigentlich hinter der „Schleswig-Holstein- Frage" verbirgt? Deshalb stelle ich als erstes die geschichtliche Entwicklung der beiden Herzogtümer dar:

Entscheidend ist das Jahr 1460, als die schleswig-holsteinischen Stände im „Vertrag von Ripen" den Dänenkönig Christian I zum Landesherrn der beiden Herzogtümer wählten und dieser gelobte, Schleswig-Holstein „ up ewig ungedeelt" zu lassen und seine Selbständigkeit zu wahren. Diesen Status erhielten sich die Herzogtümer auch bis zum Beginn des 19. Jahrhunderts. Als dann aber alle Völker Europas vom Liberalismus und Nationalismus erfasst wurden, brach der deutsch-dänische Konflikt auf, denn jetzt strebten auch die Dänen und die Schleswig-Holsteiner nach Freiheit, Verfassung und geschlossenem Nationalstaat.

Auf dem Wiener Kongress von 1815, auf dem die Landkarte Europas nach dem Sieg über Napoleon neu geordnet wurde, wurden diese Wünsche der Völker allerdings kaum berücksichtigt. So erklärte man das Herzogtum Holstein zu einem Teil des Deutschen Bundes, obwohl es zum dänischen Gesamtstaat gehörte. Das hatte dann zur Folge, dass der dänische König als Landesherr von Holstein dem Deutschen Bund beitrat. Das Herzogtum Schleswig wurde dagegen nicht Mitglied des

Diverse Jahrgänge der Glückstädter Fortuna im Archiv der Druckerei Augustin. Foto Edelmann, 2015, Glückstadt.

Deutschen Bundes. Es behielt zwar seine Selbständigkeit, blieb aber unter dem starken Einfluss Dänemarks, denn der dänische König war weiterhin in Personalunion Herzog von Schleswig und Holstein und somit der Landesherr.

Diese Entscheidung des Wiener Kongresses verstieß eindeutig gegen den Grundsatz „up ewig ungedeelt". Durch diese Situation entstand dann auch in beiden Herzogtümern eine Bewegung, die sich zum Ziel setzte, Schleswig-Holstein in einem deutschen Nationalstaat aufgehen zu lassen. Diese Gegensätze, hier die dänischen Nationalliberalen, dort die schleswig-holsteinischen Nationalliberalen, prallten jetzt mit äußerster Härte aufeinander und entluden sich in der Schleswig-Holsteinischen Erhebung von 1848, die Dänemark niederschlagen konnte. Danach stellte Dänemark den übernationalen Gesamtstaat wieder her und legte zudem fest, dass auch bei einem Aussterben der regierenden Herrscherfamilie des Oldenburger Hauses in Kopenhagen Schleswig und Holstein nicht durch ein unterschiedliches Erbfolgerecht vom Gesamtstaat getrennt werden durften. Dieser Regelung stimmten auch die europäischen Großmächte Russland, Österreich, Frankreich, Großbritannien, Preußen und Schweden-Norwegen zu. Gleichzeitig sprachen sie sich für die Erbfolge des Prinzen Christian zu Schleswig-Holstein-Sonderburg-Glücksburg in allen Teilen der dänischen Monarchie aus.

Der nach schleswig-holsteinischem Recht erbberechtigte Herzog Christian August von Augustenburg verpflichtete sich, nicht gegen diese neue Thronfolgeordnung zu protestieren. Sein ältester Sohn Friedrich aber war an dieser Erklärung nicht beteiligt und machte daher später (1859) Ansprüche geltend.

1863 entschloss sich die dänische Regierung zum letzten Schritt, Schleswig in Dänemark einzuverleiben, und legte dem dänischen Reichsrat ein neues Staatsgrundgesetz vor, das die völlige Einverleibung Schleswigs in Dänemark vorsah.

Der daraufhin ausbrechende Konflikt setzte nun zwischen November 1863 und August 1866 in Schleswig-Holstein eine ganze Reihe politischer Strömungen in Bewegung, die sich zunächst alle unter dem gemeinsamen Ziel vereinigten, die Herzogtümer von Dänemark zu lösen, die sich dann aber an der Frage über den politischen Status des Landes entzweiten. Die Hauptströmungen waren die augustenburgische, die national-liberale und die konservative Bewegung.

Nachdem ich nun den geschichtlichen Hintergrund der „Schleswig-Holstein-Frage" dargestellt und herausgearbeitet habe, welche politischen Strömungen sie auslöste, komme ich zu meinem eigentlichen Anliegen, nämlich zu untersuchen, welche dieser Strömungen sich in der „Glückstädter Fortuna widerspiegeln.

Bevor ich dazu komme, möchte ich die Zeitung erst einmal vorstellen.

Die „Glückstädter Fortuna" ist eng verknüpft mit der Gründung der Stadt Glückstadt durch den dänischen König Christian IV. Um die Wirtschaftskraft der neu gegründeten Stadt zu stärken, erfuhr sie auf allen Gebieten eine bevorzugte Förderung. Dazu gehörte auch die Einrichtung einer königlichen Buchdruckerei.

Im Jahre 1740 erweiterte der damalige Buchdrucker Johann Jacob Babst das Aufgabengebiet der Druckerei, indem er eine Zeitung unter dem Namen „Glückstädter Fortuna" herausgab. Da die Zeitung auch heute noch, ohne dass ihr Erscheinen jemals unterbrochen war, erscheint, wenngleich seit 1970 nur noch als selbständiger Teil innerhalb

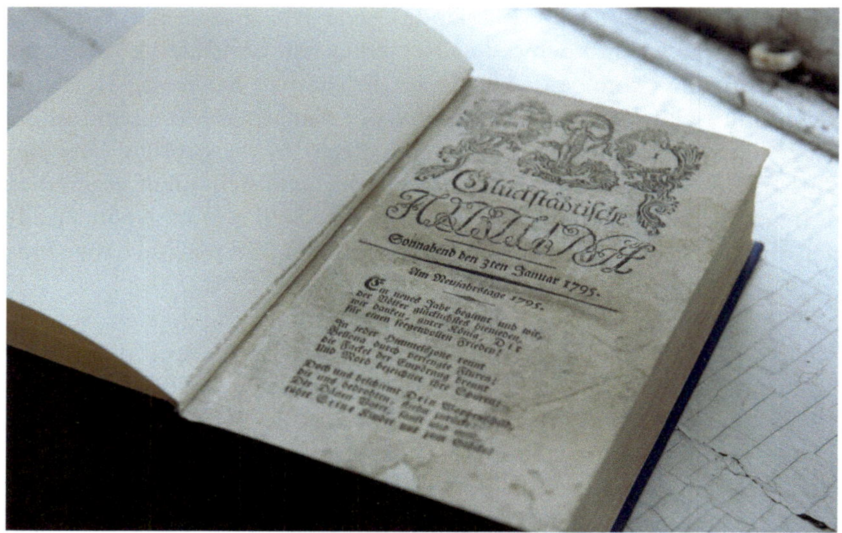

Ausgabe der Glückstädter Fortuna von 1795. Foto Edelmann, 2015, Glückstadt.

der „Norddeutschen Rundschau", ist sie die älteste Zeitung Schleswig-Holsteins[1]. Wie bekannt hat die Rundschau seit Herbst des letzten Jahres in unserer Region wieder den Namen Glückstädter Fortuna angenommen.

Es ist schon erstaunlich, dass diese kleine Zeitung mit ihrem nur begrenzten Verbreitungsraum über einen so langen Zeitraum ohne Unterbrechung erschienen ist. Die Erklärung liegt darin, dass Glückstadt als Sitz oberster Regierungs- und Justizbehörden, als Handels- und Garnisonstadt ein Lesepublikum aufwies, das an einer regelmäßig erscheinenden Zeitung interessiert war.

Hinzu kam ein stabilisierender Faktor innerhalb der Druckerei, denn seit 1775 entstammten die königlichen-privilegierten Buchdrucker alle der Familie Augustin, in deren Besitz die Druckerei dann auch 1882 überging und bis in die siebziger Jahre des 20. Jahrhunderts blieb.

---

1   *Anm. des Hrsg.: Seit dem 26. März 2014 erscheint die Glückstädter Fortuna wieder als eigenständige Tageszeitung für Glückstadt und die umliegenden Gemeinden.*

Wie ist die „Glückstädter Fortuna" nun ein Spiegel der politischen Strömungen in Schleswig-Holstein? Bei der Untersuchung dieser Frage konzentriere ich mich auf den Zeitraum vom November 1863 bis zum August 1866, da der geschichtliche Hintergrund in diesem Zeitraum eine Flut von Meldungen erzeugt. Dadurch ist es aber auch notwendig, eine Untergliederung vorzunehmen.

Für mich ergeben sich sieben einzelne Abschnitte, die jeweils von einem geschichtlichen Datum begrenzt sind. Dabei fasse ich in den Jahren 1863/64 die Zeiträume besonders eng, da sich hier die Geschehnisse häufen.

In jedem Abschnitt lasse ich die „Fortuna" ausführlich zu den Ereignissen selbst sprechen und versuche dann auf dieser Basis die sich entwickelnden Strömungen herauszuarbeiten.

Erster Abschnitt

Der erste Abschnitt reicht vom 23. November bis zum 31. Dezember 1863:

Zu Beginn des zu untersuchenden Zeitraums präsentiert sich die „Fortuna" als eine Zeitung unter vielen im dänischen Gesamtstaat und ist somit eine dänisch-königliche Zeitung, was gerade in der bedeutsamen Ausgabe vom 18. November 1863 sichtbar wird, als sie drei äußerst wichtige Meldungen aus Kopenhagen auf der ersten Seite bringt:

1. Unter Trauerrand wird von dem Hinscheiden des dänischen Königs Friedrich VII berichtet.
2. Gleichzeitig wird der Regierungsantritt Christians IX gemeldet.
3. Drittens erfährt der Leser, dass der dänische Reichsrat die neue Verfassung – die Angliederung Schleswigs an Dänemark – mit 41 gegen 16 Stimmen angenommen hat.

Die gedrängten Meldungen machen deutlich, dass im dänischen Gesamtstaat eine schwierige Situation eingetreten ist. Dadurch, dass die „Fortuna" diese drei äußerst wichtigen Nachrichten aus Kopenhagen auf der ersten Seite bringt, zeigt sie, dass sie immer noch eine dänisch-königliche Zeitung ist. Der Tradition gemäß gibt die Zeitung ohne Kommentar den Regierungsantritt Christians IX bekannt, woraus sich

Links: König Christian IX.(1818-1906). Detlefsen Museum Glückstadt. Rechts: Druckplatte mit der Göttin Fortuna. Archiv der Druckerei Augustin. Foto Edelmann, 2015.

schließen lässt, dass die Zeitung dem neuen König noch abwartend gegenüber steht.

Dennoch sieht die „Fortuna" beunruhigt in die Zukunft, denn sie hält den Tod des alten Königs für die Herzogtümer und für Dänemark „unter gegenwärtigen schwierigen Umständen für eine verhängnisvolle Situation". Ein besonderes Gewicht erhalten diese Meldungen durch eine politische Strömung in Dänemark, durch das Eiderdänentum, das das Herzogtum Schleswig dem dänischen Staat einverleiben und ihn so bis zur Eider ausdehnen will.

Die Berichterstattung der „Fortuna" lässt dann auch klar erkennen, welche Kraft diese Strömung in Dänemark entwickelt. Als Folge entsteht in Schleswig-Holstein unter großen Teilen der Bevölkerung eine anti-dänische Haltung, die aber nicht von einer Hauptströmung getragen wird, sondern sich auf verschiedene Gruppen verteilt.

Ihrer eigenen Auffassung entsprechend, „Ruhe und Besonnenheit" zu bewahren, äußert sich die „Fortuna" zunächst sehr sachlich über die unübersichtliche politische Lage. Es fällt aber auf, dass sie sofort mit dem Bekanntwerden der Proklamation des Augustenburgers Friedrich VIII, mit der er sich am 16. November 1863 an die Bewohner der Herzogtümer wandte und Ansprüche auf sein Erbrecht geltend machte, ihm besondere Aufmerksamkeit schenkt. Daraus wird dann immer mehr ein Engagement der Zeitung für das Erbrecht des Augustenburgers. Parallel dazu entwickelt sich spürbar eine antidänische Tendenz.

Beide Tendenzen, die anti-dänische und die pro-augustenburgische, erreichen in den letzten Dezembertagen 1863 ihren ersten Höhepunkt. Nach dem Abzug der dänischen Truppen reagiert die „Fortuna" mit dem sofortigen Umbau ihres Blattes. Die Nachrichten aus Kopenhagen rücken von der ersten Seite ans Ende aller Meldungen. Sie konzentriert sich nun ganz auf das Augustenburgertum. Unterstützung sucht sie bei der Bundesversammlung in Frankfurt und, wenn auch bereits skeptisch, bei Preußen. Bald muss sie dann auch erkennen, dass die letzte Entscheidung für ein freies Schleswig-Holstein unter dem Herzog von Augustenburg einzig und allein bei Preußen liegt.

Aber die „Fortuna" bleibt bei ihrem Kurs und beurteilt die gesamte politische Entwicklung zugunsten des Herzogs. Andere politische Auffassungen werden in ihrer Berichterstattung einfach unterdrückt. So ist die konservative Strömung der Ritterschaft, der adligen Gutsbesitzer, zum Beispiel nur schwach erkennbar. Die „Fortuna" hat nur die augustenburgische Bewegung im Blick und stellt sie so stark wie möglich dar. Dabei verschweigt sie, dass die entscheidenden Impulse für die weitere Entwicklung der Herzogtümer besonders von den National-Liberalen ausgehen, nachdem auch sie Friedrich von Augustenburg unterstützen.

Zweiter Abschnitt

Der zweite Abschnitt umfasst die ersten Monate des Jahres 1864. Jetzt ist die „Fortuna" praktisch zum Sprachrohr des Augustenburgers geworden. So listet sie zum Beispiel alle Gruppen auf, die sich für den Herzog einsetzen, die schleswig-holsteinischen Vereine, die Kampfgenossenschaften, die Versammlung holsteinischer Ständemitglieder, der holsteinische Städtetag, die Geistlichkeit, die Lehrer, die Professoren der Universität.

Ein besonderes schillerndes Bild der Zustimmung und Begeisterung für den Augustenburger spiegelt sich um die Jahreswende 1863/64 im Anzeigenteil der „Fortuna" wider:

Hier annonciert Ernst Koch, dass bei ihm wieder Flaggentuch (deutsche und holsteinische Farben) vorrätig sei. F. Stern empfiehlt Kerzen zur Illumination.

Beim Photographen E. Carstens sind Porträts des Herzogs von Schleswig-Holstein zu haben. In der Buchhandlung von Eduard Fabricius ist Schleswig-Holsteinische Literatur vorrätig.

In einer groß aufgemachten Anzeige von einer halben Seite fordert der Norddeutsche Schützenverein, Abteilung Glückstadt, die Bewohner Glückstadts und des Lübschen Rechts auf, die von ihm durchzuführende Geldsammlung zur Unterstützung der Schleswig-Holsteinischen Sache zu fördern.

Der Gesangsverein „Concordia" zeigt ein Vokal-und Instrumentalkonzert an, dessen Reinertrag zum „Besten Schleswig-Holsteins" bestimmt ist.

Die Gesellschaften „Union" und „Bürgerharmonie" teilen mit, dass sie ihre Wintervergnügen eingestellt haben, um die Geldmittel an den schleswig-holsteinischen Nationalfonds zu geben.

Ein Damenkomitee ruft zu einer wöchentlichen Schilling Sammlung auf.

Lotterien werben, indem sie Gewinnanteile für Schleswig-Holstein zur Verfügung stellen.

Die „Fortuna" selbst verweist auf die Predigt „Die Vaterlandsliebe" von Pastor H. Harder in Herzhorn, die im Verlag des Herrn Fabricius erschienen ist.

Sie sehen, jede Menge positiver Stimmen für der Herzog, aber die „Fortuna" deutet in dieser Phase schon an, dass der Wunsch in Schleswig anders geäußert wird als in Holstein, denn für die Schleswiger hat die endgültige Trennung von Dänemark absoluten Vorrang.

Zum ersten Mal spricht die Zeitung auch von „ritterschaftlichen" Mitgliedern und stellt sie als Vertreter einer eigenständigen, gegen den Augustenburger gerichteten Partei heraus.

Alle anderen politischen Gruppen haben es dagegen schwer, sich in der „Fortuna" Gehör zu verschaffen.

Dritter Abschnitt

Das beherrschende Thema des dritten Abschnitts ist die Londoner Konferenz über die „Schleswig-Holstein-Frage", zu der die britische Regierung die Großmächte eingeladen hat. Dabei beobachtet die „Fortuna" ihren Verlauf mit sorgenvoller Miene und lehnt Pläne einer Personalunion mit Dänemark und einer Teilung Schleswigs mit Hinweis auf die protestierenden Schleswiger energisch ab. Den Vorschlag der beiden deutschen Großmächte dagegen, die beiden Herzogtümer vollständig von Dänemark zu trennen und sie zu einem einzigen Staat unter der Souveränität des Erbprinzen von Augustenburg zu vereinigen, begrüßt sie.

Auch wenn sie dieser neuen Politik noch nicht so ganz zu trauen scheint, verbreitet sie in ihrer Berichterstattung doch nach und nach eine preußenfreundliche Stimmung.

Die hinzukommenden militärischen Erfolge gegen Dänemark fördern diese sich entwickelnde pro-preußische Stimmung. Die Bevölkerung in Schleswig-Holstein fühlt sich jetzt befreit und nicht erobert. Die immer größer werdende Sympathie für Preußen, vor allem in Schleswig, scheint dann auch den Weg für neue politische Lösungsmöglichkeiten in der „Schleswig-Holstein-Frage" aufzuzeigen, zumal sich gezeigt hat, dass die Schleswig-Holsteiner mit ihrem Herzog an der Spitze das Problem allein nicht bewältigen können.

Dennoch steht die Zeitung nach wie vor voll hinter dem Augustenburger und streicht jede Aktion im Lande für ein selbständiges Schleswig-Holstein unter Führung des Herzogs heraus. So berichtet sie in ausführlichen Reportagen über die Reise des Herzogs durch die Kreise Steinburg und Dithmarschen und über Feierlichkeiten anlässlich seines Geburtstages. Aber auch sie muss letztendlich realisieren, dass die Machtlosigkeit des Herzogs immer sichtbarer und der Wunsch nach preußischem Schutz vor allem in Schleswig immer lauter werden.

Schließlich schwenkt der Herzog selbst in die politische Linie ein, die sich im Lande ausbreitet. Auch die „Fortuna" ändert ihre Einstellung zu Preußen. Berichtete sie zu Beginn der Kriegshandlungen nüchtern über die preußischen Waffenerfolge, so fallen jetzt die überschwänglichen Siegestöne auf. Hier ein Beispiel: „Herrlich die Truppe, die das vermochte: glücklich das Land, das solche Männer hat!"

Vierter Abschnitt

Im vierten Abschnitt sucht die dänische Regierung am 12. Juli 1864 um Waffenstillstand und Frieden nach, und damit beginnen nun die Auseinandersetzungen um den zukünftigen Status der Herzogtümer. Kommt für die „Fortuna" auch nur ein freies Schleswig-Holstein unter dem Herzog von Augustenburg als Lösung in Betracht, so berichtet sie doch ausführlich über den einsetzenden Meinungsstreit, ob eine gemeinsame Interimsregierung von Preußen und Österreich eingesetzt oder der Herzog von Augustenburg als Landesherr anerkannt werden soll.

Der Augustenburger kann sich zwar nach wie vor auf den größten Teil der Bevölkerung stützen, was sich aber in zunehmendem Maße auf Holstein beschränkt, denn in Schleswig fühlt man sich verstärkt zu Preußen hingezogen. Damit wird immer offensichtlicher, dass über die Frage nach dem zukünftigen politischen Status der Herzogtümer keine Einigung im Lande möglich ist und dass Preußen die Unsicherheiten bewusst schürt. Besorgt umschreibt die „Fortuna" die politische Situation mit folgenden Worten: „Für die Bevölkerung der Herzogtümer tritt unter diesen Umständen eine schwere Zeit der Prüfung und ein neuer Wendepunkt ihres Geschicks ein. An Anlässen zur Uneinigkeit wird es nicht fehlen und fehle es schon jetzt nicht".

Dieser letzte Ausspruch sollte sich bald darauf bestätigen, denn in einem Bericht vom 9. August 1864 tritt nun auch eine Gruppe der schleswig-holsteinischen Bevölkerung mit einer Erklärung an die Öffentlichkeit, von der man bisher kaum etwas gehört hatte, nämlich die Prälaten, die kirchlichen Würdenträger, und die Ritterschaft, die adligen Gutsbesitzer. Ihre Erklärung ist eine Lobeshymne auf die Waffenerfolge der beiden deutschen Großmächte und endet mit einer starken Befürwortung der Vereinigung der diplomatischen, militärischen und maritimen Verhältnisse des Landes mit Preußen. Dabei ist vom Augustenburger überhaupt nicht die Rede.

Das Fazit also lautet: Die preußenfreundliche Tendenz verstärkt sich, die augustenburgische Begeisterung nimmt ab.

Fünfter Abschnitt

Im fünften Abschnitt kommt das unmittelbare Umfeld des Herzogs jetzt auch zu einer realistischen Einschätzung der politischen Lage, indem es ebenfalls Kontakte zu Preußen sucht.

Die Abmachungen im Wiener Frieden stimmen dann aber gar nicht mit den Interessen des Herzogs überein, denn Dänemark muss die drei Herzogtümer Schleswig, Holstein und Lauenburg an Preußen und Österreich abtreten, die die Herzogtümer bis zu einem endgültigen Friedensschluss gemeinsam verwalten sollen. Es beginnt die Zeit des so genannten Kondominiums, die Zeit der gemeinsamen Verwaltung der Herzogtümer durch Preußen und Österreich.

In diesem Zeitabschnitt spiegelt die Zeitung zum ersten Mal ein bewegteres Bild politischer Strömungen wider. Vorherrschend bleibt zwar die augustenburgische Bewegung, doch zeigten sich durch die gemäßigte „Kieler Zeitung" erste Differenzierungen. Eine noch größere Abweichung, wenn nicht gar eine beginnende Trennung von der Hauptströmung des Augustenburgertums entwickelt sich im Herzogtum Schleswig mit der „Flensburger Norddeutschen Zeitung" als Sprachrohr und Antreiber. Dazu erfährt der Leser den politischen Standort der Prälaten und Ritter.

Zu Beginn des Jahres 1865 ist die Ritterschaft noch einen Schritt weiter gegangen, denn in der 17er-Adresse spricht der Kreis um Scheel-Plessen zum ersten Mal von Annexion. Die "Fortuna" ist vor allem darüber verbittert und enttäuscht, dass hier eine Gruppe aus dem eigenen Land zum ersten Mal die Annexion durch Preußen fordert.

Im Lande selbst entflammt die „17er-Adresse" die politischen Leidenschaften aufs Neue, und mit Genugtuung zeigt die „Fortuna" auf, wie augustenburgisch sich die Bevölkerung fühlt. Auch wenn es zunächst Einzelproteste sind, schließt sich das Land doch bald zu einer gemeinsamen Aktion zusammen. Ausgelöst wird sie von 40 Gutsbesitzern, die sich in Kiel zum Umschlag aufhalten, um ihre Geldgeschäfte zu erledigen. Bei dieser Zusammenkunft unterzeichnen sie eine Erklärung, die daher „Umschlagerklärung" genannt wird und in der sie an der gelobten Treue zum Herzog Friedrich VIII festhalten. Mit Genugtuung und voller Stolz kann die „Fortuna" bald vermelden, dass sich immer mehr Bürger zur „Umschlagerklärung" bekennen.

Dennoch spricht die „Fortuna" wenig später von einem „gärenden Wirrwarr" im Lande. Sie erklärt diesen Zustand aber nur mit der endgültigen Trennung des rechten Flügels der Nationalen. Dass der Kern der augustenburgischen Bewegung aber ebenfalls in zwei Lager gespalten ist, deutet sie nur an. Über die eigentlichen Flügelkämpfe der „Gemäßigten" und der „Radikalen" schweigt sie. Die „Gemäßigten" lehnen im Gegensatz zu den „Radikalen" die völlige Ablehnung Preußens ab.

Sechster Abschnitt

Am 25. August 1865 beschließen Preußen und Österreich in der „Gasteiner Konvention" die Teilung der Herzogtümer, Schleswig kommt unter preußische Verwaltung, Holstein unter österreichische. In den Herzogtümern setzt ein Sturm der Entrüstung ein, der deutlich macht, dass die Bevölkerung spürt, dass sich die Konvention gegen das Augustenburgertum richtet und einen großen Schritt zur vollen Annexion bedeutet.

Nur durch strenge Polizeimaßnahmen bleibt Preußen Herr der Situation.

Siebter Abschnitt

Doch auch zu Beginn des Jahres 1866 ist die augustenburgische Bewegung weiterhin aktiv, aber zwischen den Zeilen macht die „Fortuna" deutlich, dass die breite Masse der Bevölkerung im politischen Handeln doch Ermüdungserscheinungen zeigt. So berichtet sie, dass sich die Mitglieder des Glückstädter schleswig-holsteinischen Vereins zu Beginn der Bewegung im Jahre 1864 gleich zweimal im Monat zu „Generalversammlungen" getroffen hätten. Im ganzen Jahr 1865 seien es dagegen nur fünf Versammlungen gewesen und im Jahr 1866 sogar nur eine.

Im Juni 1866 treten die holsteinischen Stände dann auch um letzten Mal für ihren Herzog ein, dann verstummt die augustenburgische Bewegung unter dem Druck der preußischen Polizeimaßnahmen. Die Nationalen und die Konservativen aber schicken Glückwünsche an den preußischen König mit der Bitte, Schleswig-Holstein mit Preußen zu vereinigen.

Entsprechend berichtet die „Fortuna" nicht eine Meldung mehr über den Augustenburger und seine Anhänger. Es scheint, dass die „Fortuna" resigniert hat und sich den preußischen Anordnungen beugt. Ihr Berichtsstil ist nun sachlich, rein informativ. Der für die augustenburgisch gesinnte Bevölkerung so deprimierende Friedensvertrag vom 23. August 1866 wird in Ausgabe Nr. 71 ohne weiteren Kommentar veröffentlich.

Durch Preußens Annexion der beiden Herzogtümer ist die „Schleswig-Holsteinische Frage" entschieden.

Ein Bild der Strömungen

Nach meiner Untersuchung der Spiegelfunktion durch die „Fortuna" zeichnet sich folgendes Bild der politischen Strömungen in Schleswig-Holstein ab:

Die gleich zu Beginn vorhandene Strömung ist das Eiderdänentum, das andere Strömungen in Bewegung setzt. Diese weisen alle eine antidänische Tendenz auf, so dass sie zusammen eine gemeinsame, gegen das Eiderdänentum gerichtete Strömung bilden. Als Hauptströmung setzt sich dann das Augustenburgertum immer mehr durch.

Doch bald bedrohen verschiedene Standpunkte zu Preußen ihre Geschlossenheit, die dann auch vom rechten Flügel der Nationalen gesprengt wird, indem er eine eigene Partei gründet.

Auch der Kern selbst wird in seiner Einigkeit erschüttert, denn er teilt sich in einen gemäßigten und einen radikalen Flügel auf. Die Ursache ist die jeweilige Haltung in der Ablehnung der preußischen Politik.

Der Einfluss Österreichs in den Herzogtümern wirkt erst, als die gemeinsame Politik der beiden deutschen Großmächte scheitert. Dieser Einfluss ist zeitweise als eine Strömung anzusehen, die neben dem Augustenburgertum und gegen Preußen gerichtet verläuft. Nur allein die Ritterschaft versucht, einen eigenen Weg zu finden.

Insgesamt lässt sich sagen, dass alle Strömungen ihren Kurs nach der preußischen Politik ausrichten, ob nun pro oder contra eingestellt.

Spiegel und Wirklichkeit

Nachdem ich die politischen Strömungen aus der „Fortuna" herausgearbeitet habe, gilt es nun, das gefundene Bild der Wirklichkeit gegenüberzustellen; denn nur so lässt sich beweisen, inwieweit die „Fortuna" ein Abbild der öffentlichen Meinung ist.

In erster Linie ist festzustellen, dass sich alle in diesem Zeitraum aus der Geschichte her bekannten Strömungen Schleswig-Holsteins in der „Fortuna" widerspiegeln. Richtung und Ziel der einzelnen Bewegungen sind ebenfalls erkennbar.

Am deutlichsten hebt sich das Augustenburgertum ab, über das die Zeitung ihre Leser schlagartig ab Ausgabe Nr. 93 des Jahres 1863 mit Nachrichten überschüttet. Dabei steht der Erbprinz Friedrich von Schleswig-Holstein-Augustenburg im Mittelpunkt. Mit dieser plötzlichen ausführlichen Berichterstattung über das Augustenburger Haus scheint die „Fortuna" schon früh die Möglichkeit ins Auge zu fassen, das Erbrecht des Augustenburgers werde eines Tages eine wichtige politische Rolle spielen. Die Zeitung beweist hier journalistisches Geschick und politischen Weitblick.

Schluss

Abschließend komme ich zu dem Ergebnis, dass die „Fortuna" ein recht getreues Spiegelbild der politischen Strömungen in Schleswig-Holstein bietet.

Dabei ist es schon erstaunlich, dass die „Fortuna" gleich von Beginn an die augustenburgische Bewegung erkannt und gefördert hat. So lässt sich ihr Einfluss auf die Leserschaft anhand von Aufrufen, Leserbriefen, Reportagen über Sympathiekundgebungen für den Herzog und vor allem im Anzeigenteil eindeutig nachweisen.

Die „Fortuna" nahm also wie ein Spiegel Bilder aus der Öffentlichkeit auf und warf sie zurück. Wie augustenburgisch beide Seiten, Zeitung und Öffentlichkeit, gefühlt haben, belegt eine Meldung aus der Ausgabe Nr. 74 vom 14. September 1867, in der es heißt:

„Nur in Schleswig-Holstein sind die Wahlen zum preußischen Abgeordnetenhaus ungünstig ausgefallen. Die partikularistische, vormals

Augustenburgische Partei siegte überall, dank ihrer festen Gliederung aus jahrelangen früheren Parteikämpfen her."

Die Polizeiverwaltung der Stadt Glückstadt in der NS-Zeit

Reimer Möller

1933 gehörten zur Gemeindepolizei in Glückstadt, Kreis Steinburg in Schleswig-Holstein, fünf Beamte und ein Angestellter: die Polizeihauptwachtmeister Hans Fölster[1], Emil Glas[2], Hugo Hauschildt[3], August Mei-

---

1 *Hans Fölster, geb. 30.1.1892, 16.10.1913–26.4.1920 Militärdienstzeit, 20.4.1917–28.2.1920 Kriegsgefangenschaft in Frankreich, 30.8.1920–30.11.1926 Schutzpolizei, 22.12.1925 Oberwachtmeisterprüfung an der Polizeischule Kiel, 1.12.1926–28.2.1927 Polizeiassistent auf Probe bei der Polizeiverwaltung Glückstadt, 1.3.1927 Polizeiassistent, später Polizeihauptwachtmeister (A7b); Formular Festsetzung des Besoldungsdienstalters v. 25.1.1936, Landesarchiv Schleswig-Holstein, Schleswig (LAS), Abt. 320 Steinburg, Nr. 378. Am 1.4.1941 Beförderung zum Meister der Schutzpolizei; Vermerk des Landrats des Kreises Steinburg, StA Glü, 2804.*

2 *Emil Glas, geb. 19.2.1895, 10.5.1915–21.10.1919 Militärdienst, 19.4.1921–7.6.1921 Schutzpolizei, Wintersemester 1923/24 Polizeioberwachtmeisterlehrgang an der Polizeischule für Rheinland-Westfalen in Höxter, Dienst in der Schutzpolizei Altona-Wandsbek, Ausscheiden wegen Stellenmangels, 4.10.1927–4.1.1928 Polizei-Oberwachtmeister bei der Polizeiverwaltung Glückstadt, 5.11.1928–28.2.1929 Polizeihauptwachtmeister auf Probe in Glückstadt, 1.3.1929 Polizeihauptwachtmeister; Formular Festsetzung des Besoldungsdienstalters v. 25.1.1936, LAS, Abt. 320 Steinburg, Nr. 378.*

3 *Hugo Hauschildt, geb. 21.10.1892, 10.5.1914–30.11.1918 Militärdienst, 24.4.1920–30.8.1927 Schutzpolizei, 20.1.1927 Oberwachtmeisterprüfung an der Polizeischule Kiel, 1.9.1927–31.12.1927 Polizeiassistent auf Probe bei der Polizeiverwaltung Glückstadt, 1.1.1928 Ernennung zum Polizeihauptwachtmeister (A7b); Formular Festsetzung des Besoldungsdienstalters v. 25.1.1936, LAS, Abt.*

necke[4] und Karl Willer[5] sowie der Polizeihilfswachtmeister Wilhelm Meiszus[6]. Meiszus hatte keine polizeiliche Fachausbildung durchlaufen und wurde als Nachtschutzmann verwendet.

Das polizeiliche Arbeitsgebiet, die Stadt Glückstadt, liegt ca. 45 Kilometer nordwestlich von Hamburg am Ufer der Elbe. 1925 hatte die Stadt 6817 Einwohnerinnen und Einwohner. Größte Arbeitgeber am Ort waren das Reichsbahnausbesserungswerk (RAW) mit 602 (1930), die Papierfabrik Peter Temming AG mit 142 (1925), die Glückstädter Heringsfischerei AG mit 317 (1927)[7] sowie Druckerei und Verlag J. J. Augustin mit 160 Beschäftigten; die Fa. Augustin war auf Satz und Druck von Büchern in nicht lateinischen Schrifttypen spezialisiert und genoss internationales Renommee als Helferin der Sprachwissenschaften.[8]

320 Steinburg, Nr. 378. Am 1.4.1941 Beförderung zum Meister der Schutzpolizei; Vermerk des Landrats des Kreises Steinburg, StA Glü, 2804.

4   *August Meinecke, geb. 5.2.1901, 13.8.1919–27.4.1920 Freikorps 3. Marinebrigade von Löwenfeld, 27.5.1920–31.12.1920 Reichswehr, 16.6.1921–30.4.1925 u. 1.7.1925–30.4.1932 Polizeiwachtmeister in der Ordnungspolizei Hamburg, 23.2.1925 1. Fachprüfung an der Polizeischule Hamburg, 12.3.1932 1. Polizeibeamtenprüfung an der Polizeischule Hamburg, 19.12.1932 Polizeioberwachtmeister auf Probe bei der Polizeiverwaltung Glückstadt (A10c), seit 1.10.1933 Polizeihauptwachtmeister in Glückstadt (A7b); Formular Festsetzung des Besoldungsdienstalters v. 4.10.1935, LAS, Abt. 320 Steinburg, Nr. 378.*

5   *Karl Willer, geb. 19.6.1894, 16.12.1914–23.9.1919 Militärdienst, 23.1.1920–15.4.1927 Schutzpolizei, 8.7.1927–30.9.1927 Hilfspolizeibeamter in Eckernförde, 1.2.1928–30.6.1928 Polizeihauptwachtmeister auf Probe in Glückstadt, 1.7.1928 Übernahme als Polizeihauptwachtmeister; Formular Festsetzung des Besoldungsdienstalters v. 25.1.1936, LAS, Abt. 320 Steinburg, Nr. 378.*

6   *Wilhelm Meiszus, geb. 7.2.1888 in Windenburg/Kreis Heydekrug, Ostpreußen, bis 1925 Strafanstaltshilfswachtmeister im Glückstädter Gefängnis.*

7   *Reimer Möller: Widerstand und Verfolgung in einer agrarisch-kleinstädtischen Region: SPD, KPD und »Bibelforscher« im Kreis Steinburg 1933–1945, in: Zeitschrift der Gesellschaft für Schleswig-Holsteinische Geschichte 114 (1989), S. 125–228, hier S. 138.*

8   *Vgl. Karl Nissen: 350 Jahre Buchdrucker in Glückstadt, Glückstadt, o. J. [1982]; Christian Bau/Artur Dieckhoff: Zwiebelfische. Jimmy Ernst, Glückstadt – New York, Grethen-Büchten 2010, sowie den Film »Zwiebelfische. Jimmy Ernst,*

Der westliche Teil der Innenstadt war von einer großen nicht gewerblichen Einrichtung bestimmt, der Landesarbeitsanstalt der Provinz Schleswig-Holstein. In dem düsteren, wuchtigen Gebäudekomplex waren 1925 119 Arbeitshausgefangene, Untersuchungsgefangene, entmündigte Trinker, »säumig Nährpflichtige« und »Landhilfsbedürftige« untergebracht; Ende März 1933 waren es 169 und Ende März 1937 435 Insassen.[9]

Die Beschäftigten des Glückstädter Reichsbahnausbesserungswerks waren zum großen Teil gelernte Facharbeiter in Metallberufen, die den in der Weltwirtschaftskrise unschätzbaren Vorzug genossen, unkündbar zu sein. Sie waren der Rückhalt der Glückstädter Sozialdemokraten, die in den beiden Kommunalwahlen 1919 und 1924 absolute Mehrheiten erreichten und seit 1925 mit Wilhelm Schinkel den Bürgermeister stellten.

Die Papierfabrik Peter Temming und die Glückstädter Heringsfischerei, die viele Ungelernte beschäftigten, gerieten in der Weltwirtschaftskrise in Schwierigkeiten und reagierten mit Entlassungen. Die Glückstädter Heringsfischerei musste 1931 sogar Konkurs anmelden. Die Zahl der Arbeitssuchenden betrug in Glückstadt am 12. Januar 1931 599, am 1. Dezember 1931 769, am 31. Dezember 1932 788 und am 31. Dezember 1933 434.[10]

Viele Ungelernte und Arbeitslose sahen sich von der KPD politisch gut vertreten, die in der Reichstagswahl am 31. Juli 1932 in Glückstadt 15,1 % der Stimmen erhielt und damit drittstärkste politische Kraft der Stadt war. Die NSDAP war aus dieser Wahl erstmals als stärkste politische Partei der Stadt hervorgegangen, auf sie entfielen 37,8 % der Stimmen, auf die SPD 37,2 %.

Glückstadt – New York« von Christian Bau u. Artur Dieckhoff, 58 Min., Produktion: die thede, Hamburg 2010, auf der dem Buch beiliegenden DVD.

9 *Björn Marnau: Steril und rasserein. Zwangssterilisation als Teil der nationalsozialistischen Rassenpolitik 1934 bis 1945. Der Kreis Steinburg als Beispiel, Frankfurt am Main 2003, S. 54 f.*

10 *Schleswig-Holsteinische Tageszeitung v. 10.12.1931 u. Schreiben des Bürgermeisters an den Landrat v. 19.11.1934, Stadtarchiv Glückstadt (StAGlü), 1668.*

Die Rolle der örtlichen Polizei bei der Sicherung der NS-Herrschaft und der Unterdrückung der Opposition

Sofort nach ihrer Einsetzung begann die Regierung Hitler, ihre Machtposition auszubauen, gegnerische politische Organisationen zu zerschlagen und jegliche oppositionelle Regung zu unterdrücken. Dabei kam dem Polizeiapparat entscheidende Bedeutung zu.

Zwei Tage nach der Ernennung Hitlers zum Reichskanzler setzten die Repressionen gegen die KPD und ihre Nebenorganisationen ein.[11]

Per Funkspruch ordnete der Preußische Innenminister am 1. Februar 1933 das Verbot aller Versammlungen der KPD und ihrer Nebenorganisationen unter freiem Himmel an. Am 2. März 1933 erweiterte der Regierungspräsident im Regierungsbezirk Schleswig dieses Versammlungsverbot auf Veranstaltungen in geschlossenen Räumen, auch wenn sie nur der Mitgliedschaft vorbehalten waren.[12] Der Funkspruch des Innenministers wies die Polizei an, »planmäßige Durchsuchung« bei der »KPD-Leitung« und »verdächtigen Funktionären« durchzuführen. Daraufhin wurden in Glückstadt neun Haushalte durchsucht – ohne Ergebnis.[13]

Am 26. Mai 1933 wurde das »Gesetz über die Einziehung kommunistischen Vermögens« erlassen, woraufhin die Polizei bei KPD-Mitgliedern Schreibmaschinen und Vervielfältigungsapparate beschlagnahmte.[14]

Per Funkspruch veranlasste das Geheime Staatspolizeiamt in Berlin am 9. Mai 1933 die Beschlagnahme des Vermögens der SPD, der sozialdemokratischen Zeitungen und des Reichsbanners. Am 11. Mai 1933 erstattete die Ortspolizeibehörde Bericht. In den Wohnungen führender Sozialdemokraten seien der schriftliche Auflösungsbeschluss der Reichsbanner Ortsgruppe sowie eine Quartalsübersicht über die Mitgliederentwicklung der Glückstädter SPD gefunden worden. Danach hätten 250 der zu Jahresbeginn 1933 eingeschriebenen

11 *Möller: Widerstand (Anm. 7), S. 160–163.*

12 *Vgl. mit Einzelnachweisen das Kapitel »Terroristische Unterdrückung oppositioneller Kräfte im NS-Herrschaftssystem (1933)« in Möller: Widerstand (Anm. 7), S. 160–178.*

13 *Ebd., S. 160.*

14 *Ebd., S. 161.*

300 Mitglieder ihren Austritt erklärt. Die geraden Zahlen legen zwar die Vermutung nahe, dass die Angaben manipuliert waren; für einen tatsächlichen Mitgliederschwund sprach aber, dass die vielen Sozialdemokraten in der Belegschaft des Reichsbahnausbesserungswerks das Bedürfnis gehabt haben werden, ihr parteipolitisches Engagement zu beenden, um nicht ihren Arbeitsplatz in dem Staatsbetrieb zu verlieren. Nach dieser Selbstpreisgabe schuf das eigentliche reichsweite Verbot der SPD vom 22. Juni 1933 keine neue Lage mehr. Zur Durchsetzung des Verbotes durchsuchten die Polizeikräfte die Wohnungen der führenden Sozialdemokraten ein weiteres Mal. Dabei beschlagnahmten sie u. a. Protokolle der Beschlüsse, den Glückstädter SPD-Ortsverein aufzulösen und das Heim des Ortsjugendkartells zu verkaufen.[15]

Es gingen weitere Funksprüche des Preußischen Innenministeriums, des Geheimen Staatspolizeiamts oder des Polizeipräsidenten von Leipzig ein, in denen Auflösung und Einziehung des Eigentums weiterer Organisationen angeordnet wurde, die von Sozialdemokraten geführt waren, darunter der Arbeiter-Samariterbund, der Arbeiterturn- und Sportverband, der Deutsche Freidenkerverband und die Reichsarbeitsgemeinschaft der Kinderfreunde.[16]

Am 2. Mai 1933 wurden die freien Gewerkschaften zerschlagen. Dazu führte die Glückstädter Polizei Haussuchungen bei Funktionären des Ortskartells des Allgemeinen Deutschen Gewerkschaftsbundes (ADGB) und bei Kassierern der Einzelgewerkschaften durch und beschlagnahmte Unterlagen und Bargeld.[17]

Die Eingriffe wurden durch das »Gesetz zur Einziehung staats- und volksfeindlichen Vermögens« vom 16. Juli 1933 nachträglich formal »legalisiert«.

15   Ebd., S. 162.

16   Ebd. Der Polizeipräsident von Leipzig hatte die Auflösung der überregional aktiven Arbeiter-Turnverlag AG und des Arbeiterturn- und Sportverbands verfügt; zur Durchsetzung der Auflösung übersandte der Landrat in Itzehoe den Polizeiverwaltungen Abschriften der Verfügungen.

17   Ebd., S. 162 f.

Die nationalsozialistische Umgestaltung der Ortspolizeibehörde Glückstadt

Am 4. März 1933 verpflichtete Landjägerhauptmann Hirschfeld als Vertreter des Landrats 22 Glückstädter Hilfspolizisten: 13 SA-Leute, 3 SS-Leute und 6 Mitglieder des Stahlhelms – Bund der Frontsoldaten.[18]

In den Abendstunden des 17. März 1933 wurde die Stadt Glückstadt von einem nationalsozialistischen Schlägertrupp von 25 bis 30 Personen heimgesucht, die am Ort nicht bekannt waren und vermutlich aus der Kreishauptstadt Itzehoe kamen. Sie wurden vom Glückstädter SS-Mann Julius Emminger durch die Straßen geführt, wo er ihnen die Wohnungen von Bürgermeister Schinkel und mehreren KPD-Mitgliedern zeigte. Die Ortsfremden warfen die Fensterscheiben ein. Emminger zeigte auch auf einen Passanten, der KPD-Mitglied war, und daraufhin verprügelt wurde. Bürgermeister Schinkel sowie der AOK-Angestellte Weiss und dessen Frau wurden mit Aufhängen am Kandelaber auf dem Markplatz bedroht. Täter aus der Gruppe zwangen einen Passanten, das Abzeichen der »Eiserne Front« von der Kleidung abzunehmen, und zerstörten es. Andere wurden gegen Polizeibeamte tätlich, die ihre Personalien feststellen wollten. Der Polizeihauptwachmeister Willer wurde festgehalten und schlug dem Angreifer mit dem Gummiknüppel auf die Hand, konnte sich aber nur mithilfe des Hilfspolizeibeamten Ehlers befreien. Kurz darauf an anderer Stelle von einer Frau zur Hilfe gerufen, die von mehreren Gruppenmitgliedern mit Gummiknüppeln geschlagen wurde, wurde Willer angepöbelt:

»Was, bist du Schweinchen schon wieder da?« Der ganze Trupp wandte sich gegen ihn und schlug auf ihn ein. Die Hilfspolizeibeamten Klimaschewski und Schöning jun. hätten ihn, wie er in seinem Bericht festhielt, befreit, indem sie den Trupp zurückhielten. Willer eilte zur Wache, um Verstärkung zu holen. Dort erschien der Trupp in Begleitung des Führers der Glückstädter SA, Sturmführer Claus Schöning sen. Die Nationalsozialisten sprachen Willer an, sie seien jetzt Kameraden. Er scheine sich darin noch nicht fügen zu können, werde sich aber fügen müssen. »Durch die Schläge«, schließt Willers Meldung, »ist mein Tschako total verbeult worden.« Nachkriegsvernehmungen haben er-

<hr>

18 *Namentliche Aufstellung, nicht datiert, LAS, Abt. 320 Steinburg, Nr. 371.*

geben, dass die Vorgehensweise von SA-Standartenführer Ernst Gehrts mit der Zielsetzung angeordnet worden war, zu demonstrieren, dass die SPD-geführte Gemeindepolizei nicht in der Lage sei, die öffentliche Ordnung zu gewährleisten. Nach Lage der Dinge kann die Nothilfe der SA-Hilfspolizisten gegen die gewalttätigen Angriffe ihrer auswärtigen Gesinnungsfreunde nur ein abgesprochenes Rollenspiel gewesen sein. Die Polizeibeamten haben dies offenbar nicht bemerkt, jedenfalls enthalten ihre Berichte keine entsprechenden Hinweise.[19]

Drei Tage später wurde Bürgermeister Schinkel abberufen. Als neuen Leiter der Ortspolizeibehörde setzte der Regierungspräsident in Schleswig mit Wirkung vom 21. März 1933 den Stadtrat Heinrich Wilhelm Augustin, Inhaber von Druckerei und Verlag J. J. Augustin, ein. Augustin gehörte nicht der NSDAP an, sondern der bürgerlichen »Nationalen Arbeitsgemeinschaft«. In Begleitung von Polizeihauptwachtmeister Glas und SA-Sturmführer Schöning suchte Augustin Bürgermeister Schinkel in dessen Wohnung auf, eröffnete ihm die Absetzung, zog Dienstlegitimation und -waffe gegen Quittung ein und erteilte ihm Hausverbot für das Rathaus.[20]

Auf Reichsebene trat der neue Reichstag in der Potsdamer Garnisonkirche in Gegenwart des Reichspräsidenten Paul von Hindenburg mit großem propagandistischem Pomp zusammen. Für Augustin war dies Anlass, einen Fototermin zu arrangieren.

Das Foto (siehe Abb.) wurde in der Lokalzeitung »Glückstädter Fortuna« veröffentlicht. Als Hintergrunddekoration sind die kaiserliche Kriegsflagge des Deutschen Reiches als Symbol der Nationalkonservativen und die NSDAP-Parteifahne nebeneinander drapiert. Die Symbolik war politisch motiviert. Am 23. März 1933 versuchte Augustin in einer Besprechung mit dem Landrat, seine Stellung auf Dauer zu sichern. Aus seiner Sicht müssten die Aufgaben zwischen der nationalsozialistischen

19 *Berichte der Polizeihauptwachtmeister Fölster, Hauschildt und Willer v.*
   17.3.1933 u. Anzeige des Arbeiters Hermann Grütz v. 17.3.1933, LAS, Abt. 320
   Steinburg, Nr. 188; Protokolle der Vernehmungen von Emil Starck v. 15.8.1949
   u. Wilhelm Schinkel v. 27.10.1949, LAS, Abt. 352 Itzehoe, Nr. 603.

20 *Reimer Möller: »Unsere herrliche Bewegung«. Machtkampf in der Glückstädter*
   NSDAP (1933–1936), in: Steinburger Jahrbuch 40 (1996), S. 244–259, hier S.
   249.

Stadtrat Heinrich Wilhelm Augustin als Polizeiverwalter der Stadt Glückstadt mit Polizeibeamten und Hilfspolizisten am »Tag von Potsdam«, 21. März 1933, im Sitzungssaal des Rathauses. Die beiden liegenden Personen sind unbekannt. Sitzend von links: Heinrich Strübing in Stahlhelm-Uniform mit der weißen Hilfspolizei-Armbinde, Landjägermeister Maaß mit Schnauzbart, Polizeiverwalter Augustin, SA-Sturmführer Claus Schöning, kniend Polizeihauptwachtmeister Willer. Stehend von links: die ersten beiden Polizeibeamten und der folgende SA-Mann sind nicht bekannt, es folgen SA-Mann Heinrich Glißmann (mit Brille), Polizeihauptwachtmeister Hauschildt, Stahlhelm-Mitglied Adolf Ledtje, SS-Mann Max Lange, SA-Mann und Redakteur der »Glückstädter Fortuna« Karl Ehlers, ein unbekannter Polizeibeamter mit Zweifingerbart, ein unbekannter SA-Mann, Polizeihauptwachtmeister Fölster, dahinter erhöht Polizeihilfswachtmeister Meiszus, vor ihm mit angestecktem Eisernen Kreuz I. Klasse Polizeihauptwachtmeister Glas, SS-Mann Claus Schöning jun. und SS-Mann Albert Reumann. Quelle: Privatarchiv Reimer Möller.

SA und dem Stahlhelm geteilt werden. Er schlug im Einverständnis mit SA-Standartenführer Ernst Gehrts vor, dieser solle zum Bürgermeister und er, Augustin, zum Leiter der Ortspolizeibehörde ernannt werden. Der Landrat möge beim Regierungspräsidenten die entsprechenden Ernennungsverfügungen erwirken.[21]

Die nicht einbezogene NSDAP-Ortsgruppenführung war nicht einverstanden. Zwischen ihr und Gehrts bestanden starke Gegensätze und eine Teilung der Macht mit Augustin kam nicht infrage. Ortsgruppenpropagandaleiter Karl Hinz, die zu dieser Zeit entscheidende politische NS-Führungsfigur in Glückstadt, und der intellektuell unbewegliche Ortsgruppenleiter Holm favorisierten den bisherigen Führer der Itzehoer NSDAPKreistagsfraktion, Wilhelm Vogt. Hinz war mit Vogt nicht nur politisch, sondern auch geschäftlich eng verbunden. Vogt stand zur Verfügung, NSDAP-Gauleiter Hinrich Lohse war auch einverstanden, und somit erfolgte am 27. März 1933 die Berufung des auswärtigen NS-Funktionärs zum kommissarischen Bürgermeister von Glückstadt, und zwar mit ungeteilten Befugnissen, also auch als Leiter der Ortspolizeibehörde.[22]

Wilhelm Vogt, gelernter Kaufmann, hatte in Itzehoe eine dauerhafte und gut bezahlte Anstellung als Revisionsassistent und Berater für Büroorganisation in einer Wirtschaftsprüfungsfirma. Er war seit 1910 im Deutschnationalen Handlungsgehilfenverband aktiv und bereits am 3. Dezember 1925 der NSDAP beigetreten (Mitgliedsnummer 22838). Gelegentlich bezeichnete er sich als ältester Nationalsozialist Glückstadts.[23]

Am Tag nach Vogts Ernennung zum kommissarischen Bürgermeister fand die konstituierende Sitzung der am 12. März 1933 neu gewählten Städtischen Kollegien Glückstadts statt, für die sich folgende Sitzverteilung ergeben hatte: 7 SPD, 7 NSDAP, 2 KPD, 2 Nationale Arbeitsgemeinschaft. Laut ministerieller Anweisung waren die KPD-Vertreter nicht einzuladen und ihre Sitze hatten unberücksichtigt zu bleiben. Die beiden Repräsentanten der »Nationalen Arbeitsgemeinschaft«, Heinrich Wilhelm Augustin und der Lehrer Henry Rößler, stimmten mit der

21 *Ebd., S. 259.*

22 *Ebd.*

23 *Gedächtnisprotokoll des Autors über das Gespräch mit Wilhelm Vogt am 23.5.1980.*

NSDAP, um die »marxistische Herrschaft in Glückstadt zu beenden«. Sie taten dies, obwohl ihr Wunsch, einen der Magistratssitze zu erhalten, von der NSDAP Ortsgruppenführung abgelehnt worden war.

Mitwirkung an der Unterdrückung der politischen Opposition: Das Konzentrationslager Glückstadt

Anfang April 1933 erfuhr die Öffentlichkeit unter der Überschrift »Konzentrationslager Glückstadt« aus einer Notiz der Lokalzeitung »Glückstädter Fortuna«, dass 150 politische Häftlinge des Polizeipräsidiums Altona in die Landesarbeitsanstalt Glückstadt überführt worden waren.[24]

Dem Häftlingsregister zufolge gingen insgesamt 731 Schutzhäftlinge durch die Anstalt. Sie kamen vornehmlich von der Westküste und aus dem Hamburger Randgebiet.[25] Die Mehrheit von ihnen waren Funktionäre und kommunale Mandatsträger der KPD, Sozialdemokraten waren in der Minderheit. Unter den Inhaftierten waren auch 40 Männer aus Glückstadt, 30 Sozialdemokraten und 10 Kommunisten. Die Bewachung übernahmen örtliche SA-Männer – staatliche Hilfspolizisten, die SA-Sturmführer Schöning vorgeschlagen und Bürgermeister Vogt ausgewählt hatte. Die Leitung der Bewachung hatten die beiden vom

24 *Glückstädter Fortuna v. 10.4.1933. Die weiteren Angaben zum KZ Glückstadt nach Möller: Widerstand (Anm. 7), S. 172–174, mit weiteren Nachweisen. Spätere Zusammenfassungen dieses Kenntnisstands in Reimer Möller: Schutzhaft in der Landesarbeitsanstalt: Das Konzentrationslager Glückstadt, in: Wolfgang Benz/Barbara Diestel (Hg.): Herrschaft und Gewalt. Frühe Konzentrationslager 1933–1939, Berlin 2002, S. 101–110, und James Robert White: Glückstadt, in: Geoffrey P. Megargee (Hg.): The United States Holocaust Memorial Museum Encyclopedia of Camps and Ghettos 1933–1945, Bd. 1, Teil A, Bloomington/ Indianapolis 2009, S. 79–81.*

25 *Die Angabe in Möller: Widerstand (Anm. 7), S. 172, Fn. 180, dass Insassen-Verzeichnisse der Landesarbeitsanstalt (1933–1945) die NS-Zeit überstanden, aber nicht den Weg in öffentliche Archive gefunden hätten, trifft inzwischen nicht mehr zu. Aus der Veröffentlichung des Inventars des Archivs des Internationalen Suchdienstes (ITS) auf der Website des United States Holocaust Memorial Museum geht hervor, dass sich die Gefangenenbücher der Landesarbeitsanstalt seit 1966 im Archiv des ITS in (Bad) Arolsen befinden.*

Altonaer Polizeipräsidenten entsandten Berufspolizeibeamten Schulz und Paulsen.[26] Der ehemalige Häftling Waldemar Vogeley bezeichnete sie im Interview 1982 ohne jeden ironischen Unterton als »wunderbare Menschen«. Wohl ihnen ist es zuzuschreiben, dass es im Konzentrationslager Glückstadt viel weniger gewalttätig zuging als in anderen frühen KZ. Die beiden Polizisten gaben auch die Essensportionen selbst aus und waren gerecht bei der Bemessung.[27]

Von Glückstadt gingen mehrere Transporte mit Häftlingen in die Konzentrationslager Rickling bei Neumünster sowie Sonnenburg bei Küstrin und Esterwegen im Emsland.[28] Als Begleitung wurden auch Polizeibeamte eingesetzt. Kurz vor der Ankunft in Papenburg/Emsland, berichtete Heinrich Reumann, hätten die begleitenden Hamburger Polizisten den Häftlingen die brutale »Empfangsprozedur« erläutert, die auf sie zukam. »Ihr werdet von SS in Empfang genommen. Seht zu! Ihr werdet einzeln aufgerufen, spritzt 'n bisschen! Wir wollen das nicht sehen!«[29]

Am 19. April 1933 suchte die Glückstädter SA nacheinander die städtischen Betriebswerke, die Geschäftsstelle der Allgemeinen Ortskrankenkasse, die Konsum-Filialen und das Reichsbahnausbesserungswerk auf und führte Mitarbeiter, die als Sozialdemokraten und Reichsbannerleute bekannt waren, in öffentlichem Umzug durch die Stadt und hielt sie bis zum Abend im neuen KZ in der Landesarbeitsanstalt gefangen.[30]

---

26 *Da einschlägiges Schriftgut des Polizeipräsidenten von Altona nicht überliefert ist, können zu den beiden Beamten keine weiteren Angaben gemacht werden.*

27 *Transkription des Interviews mit Waldemar Vogeley mit dem Verfasser am 8.5.1984, S. 24.*

28 *Möller: Widerstand (Anm. 7), S. 174.*

29 *Interview mit Heinrich Reumann, 18.3.1977, Interviewer: Klaus-Joachim Lorenzen-Schmidt.*

30 *Berichte der Ortspolizeibehörde Glückstadt v. 20./21.4.1933 u. 25.4.1933, LAS, Abt. 320 Steinburg, Nr. 187; vier Notizen in der Glückstädter Fortuna v. 22.4.1933; Wilhelm Schinkel: Geschichte der Arbeiterbewegung Glückstadts und Umgebung 1865–1933. Erinnerungen eines alten Sozialdemokraten, Glückstadt 1953, S. 39.*

Machtkampf zwischen regionalen SA- und NSDAP-Funktionären: Der »Rathaussturm« am 7. Juni 1933

Mit der Niederlage gegen seinen innerparteilichen Konkurrenten Vogt fand sich SA-Standartenführer Gehrts nicht ohne Weiteres ab. Am 7. Juni 1933 besetzte die zu seiner »Standarte« gehörende Glückstädter SA das Rathaus. Vier Polizisten waren, da sich die Polizeiwache im Rathaus befand, sofort zur Stelle. Bürgermeister Vogt schickte sie aber zurück in ihr Dienstzimmer und ging allein gegen die »Rabauken« vor. Im Treppenhaus stieß er auf SA-Sturmführer Schöning und herrschte ihn an: »Sturmführer, Sie sind mein Ratsherr. Ich mache sie für diese Attacke verantwortlich. Sorgen Sie dafür, dass ihre SA-Männer sofort das Rathaus verlassen.« Darauf habe Schöning, wie sich Vogt erinnerte, auf Plattdeutsch gerufen:

»Nu aber rut [raus] hier!« und daraufhin seien die Rathausbesetzer abgezogen. Gehrts hatte wohl kalkuliert, Vogt würde die Polizeibeamten gegen die SA vorgehen lassen und damit demonstrieren, zur Führung seines Amtes im Sinne der NSDAP unfähig zu sein. In diesem Fall hätten die SA-Leute Vogt wie die Obersekretäre Groth und Wolter aus dem Rathaus herausholen sollen:[31] Die Aktion hatte sich nicht nur gegen den Bürgermeister gerichtet, sondern auch gegen die Obersekretäre Groth und Wolter, die beiden erfahrensten Beamten der Stadtverwaltung. Groth wurde von einem Polizeibeamten nach Hause begleitet und blieb körperlich unangetastet; Wolter jedoch wurde auf dem Marktplatz von einem SA-Mann mit einem Gummiknüppel geschlagen. Gegen den Täter, immerhin SA-Mitglied, stellte Vogt Strafantrag. Die beiden städtischen Beamten verließen noch am selben Tag die Stadt.[32]

31 *Möller: Machtkampf (Anm. 20), S. 250 f. Die Darstellung beruht auf der Abschrift der Schilderung des Sachverhalts von Wilhelm Vogt v. 18.2.1936 zum Antrag an das NSDAP-Parteigericht des Kreises Steinburg für ein Verfahren gegen sich selbst, LAS, Abt. 320 Steinburg, Nr. 2766, sowie auf dem nach 1967 von Wilhelm Vogt gefertigten Typoskript »Der Sturm auf das Rathaus in Glückstadt am 7.6.1933«, das als Kapitel für seine geplante Autobiografie vorgesehen war, die jedoch nie fertiggestellt worden ist. Vogt hat dem Autor 1982 eine Kopie überlassen.*

32 *Möller: Machtkampf (Anm. 20), S. 250.*

Vogts ließ Gehrts durch einen Polizeibeamten ins Rathaus bitten. Im Beisein des NSDAP-Ortgruppenleiters Holm und des Ortsgruppenpropagandaleiters Hinz bestritt der SA-Führer, den »Rathaussturm« angezettelt zu haben. Er habe seine Leute nicht in der Hand und verantwortlich sei Sturmführer Schöning. Vogt replizierte, die gerade offenbarte eklatante Führungsschwäche disqualifiziere einen Offizier und Standartenführer. Quellenkritisch ist anzumerken, dass leider nur Vogts Schilderung des Konflikts vorliegt, in dem er selbst Partei war. Für die Richtigkeit seiner Darstellung spricht aber, dass die SA-Führung Gehrts' Stellung tatsächlich als unhaltbar geworden ansah, ihn umgehend nach Schleswig versetzte und ihm eine andere Funktion gab.[33]

Wenige Tage nach dem Zwischenfall stellte Vogt »seinem« Ratsherrn Schöning die Frage, wie die Glückstädter SA sich verhalten würde, sollten die beiden Beamten weiterbeschäftigt werden. Sie würden, drohte Schöning, wiederum aus dem Rathaus herausgeholt. Nach Rücksprache mit der Ortsgruppenleitung führte Vogt dann die Entfernung Groths und Wolters aus ihren Ämtern auf Grundlage des »Gesetzes zur Wiederherstellung des Berufsbeamtentums« herbei. Mit diesen beiden von innerparteilichen Widersachern erzwungenen Entlassungen hatte sich Vogt, der in Fragen der Kommunalverwaltung keine praktische Erfahrung besaß, die Wahrnehmung seiner Aufgaben ausgerechnet in seiner Einarbeitungsphase selbst empfindlich erschweren müssen.[34]

Organisatorische und personelle Veränderungen

Am 14. Dezember 1934 berief Bürgermeister Vogt Polizeihauptwachtmeister Glas zum »Leiter der Gemeindevollzugspolizei« und Polizeihauptwachtmeister Fölster zu dessen Stellvertreter.[35] Beide Ernennungen waren nicht selbstverständlich, denn Vogt hatte starke Vorbehalte gegen Glas. Vogt sah in ihm ein »Werkzeug Gehrts'«. Fölster war anonym denunziert worden, 1928 bis 1930 SPD-Mitglied gewesen zu sein. Obwohl die politische Verdächtigung nicht völlig ausgeräumt war, ließ

33 *Ebd.*

34 *Ebd., S. 251.*

35 *Anordnung für die Gemeindepolizei-Vollzugsbeamten der Stadtgemeinde Glückstadt v. 14.12.1934, StA Glü, 2804.*

Vogt Fölster nicht nur im Amt, sondern betraute ihn sogar mit Führungsaufgaben.[36]

Emil Glas war in seiner Leitungsfunktion für die Fortbildung seiner Kollegen verantwortlich und hatte ihnen Unterricht zu erteilen.

Ihm oblagen die Bearbeitung der kriminalpolizeilichen Vorgänge, die Überwachung der Ausländer, die Führung des Melderegisters, ab Frühjahr 1935 auch die Erfassung der Wehrpflichtigen, die Erteilung von polizeilichen Führungszeugnissen, die Führung der polizeilichen Strafliste, der Erlass von polizeilichen Straf- bzw. Zwangsgeldverfügungen, die Erteilung von Genehmigungen zum Musizieren auf öffentlichen Straßen und Plätzen und die Abfassung der Terminberichte.[37]

Diese Belastung der uniformierten Schutzpolizei mit vielfältigen Verwaltungsaufgaben war keine Glückstädter Besonderheit. Allgemein wurde dies als Effizienzhemmnis angesehen, dem durch eine Trennung zwischen Verwaltungspolizei und Vollzugspolizei abgeholfen wurde. Diese organisatorische Veränderung wurde in Glückstadt erst im Mai 1936 vorgenommen.[38]

Danach gab es im Rathaus ein Einwohnermeldeamt und die Zuständigkeit für Straßenmusikanten war an das Ordnungsamt übergegangen.[39]

Mit zwei Verfügungen vom 10. März 1936 teilte Vogt den Beamten die Unterordnung der Gemeindevollzugspolizei hinsichtlich Dienstaufsicht und Ausbildung unter Gendarmeriemeister Maaß mit und berief Glas aus seiner Leitungsfunktion wieder ab.[40]

---

36 *Anonymes Denunziationsschreiben, LAS, Abt. 320 Steinburg, Nr. 378, u. Verfügung des Bürgermeisters als Ortspolizeibehörde v. 14.1.1937, StA Glü, 2804.*

37 *Aufstellung im Schreiben des Landrats an den Regierungspräsidenten v. 7.5.1936, LAS, Abt. 320 Steinburg, Nr. 378.*

38 *Ebd.*

39 *Bericht des Landrats des Kreises Steinburg an den Regierungspräsidenten v. 5.7.1937, LAS, Abt. 320 Steinburg, Nr. 378.*

40 *Verfügung des Bürgermeisters an Polizeihauptwachtmeister Glas v. 10.3.1936 u. Verfügung an die Polizeihauptwachtmeister Hauschild, Fölster, Meinecke und Willer v. 10.3.1936, StA Glü, 2038. Die Landjägerei wurde am 25. Januar 1934 in »Gendarmerie« umbenannt, die Dienstbezeichnungen änderten sich damit ebenfalls; Friedrich Wilhelm: Die Polizei im NS-Staat, Wien/Zürich 1999, S. 87.*

Im Januar 1937 gingen Maaß' Befugnisse auf Gendarmerieobermeister Hansen in Itzehoe über.[41] In dieser letzten Verfügung berief Vogt Fölster zu Hansens Stellvertreter. Glas, der sich somit seinem früheren Untergebenen unterordnen musste, fühlte sich herabgesetzt und weigerte sich, die Verfügung zur Bestätigung der Kenntnisnahme mit seinem Handzeichen zu versehen.[42] Es liegt eine Reihe weiterer bürgermeisterlicher Verfügungen vor, die abzuzeichnen sich Glas weigerte. Mit einer Beschwerde wegen Unzufriedenheit mit der Festsetzung des Dienstalters, die Glas direkt an den Landrat richtete, beging er eine weitere Pflichtwidrigkeit, da er den Dienstweg nicht eingehalten hatte.[43] Ein gutes Jahr später wurde er nach Kiel versetzt.[44]

Als Nachfolger Glas' wurde Polizeihauptwachtmeister Hermann Gehrt zum 1. Juli 1937 von Flensburg nach Glückstadt versetzt.[45] Im Vorfeld hatte Bürgermeister Vogt einen Antrag auf Errichtung der 6. Gemeindepolizeivollzugsbeamtenstelle gestellt und beantragt, diese Stelle mit einem Polizeimeister zu besetzen. Glückstadt sei wirtschaftlich aufgeblüht, weshalb die Einwohnerzahl von 6823 auf 7342 gestiegen sei. Der künftige Polizeimeister wäre ständig örtlich präsent und könne daher die Dienstaufsicht über die Gemeindevollzugspolizei intensiver führen als der in der 20 Kilometer entfernten Kreisstadt Itzehoe postierte bisher zuständige Gendarmeriebeamte.

Kurz darauf wurde Gehrt zum Polizeimeister befördert und Polizei-Revier-Oberwachtmeister Wilhelm Jessen aus Lübeck zum 1. Oktober

41 *Verfügung des Bürgermeisters als Ortspolizeibehörde v. 14.1.1937, StA Glü, 2804.*

42 *Handschriftliche Notiz Vogts v. 21.7.1937 »Polizeihauptwachtmeister Glas verweigerte die Annahme« auf der Verfügung an Polizeihauptwachtmeister Glas v. 10.3.1936, StA Glü, 2804.*

43 *Schriftliche Beschwerde von Polizeihauptwachtmeister Glas an den Landrat des Kreises Steinburg v. 14.3.1936, LAS, Abt. 320 Steinburg, Nr. 378.*

44 *Schreiben des Landrats an den Regierungspräsidenten v. 7.5.1936, LAS, Abt. 320 Steinburg, Nr. 378.*

45 *Schreiben des Bürgermeisters als Ortspolizeibehörde an den Landrat des Kreises Steinburg v. 30.7.1937, StA Glü, 2804.*

1938 in die freie Stelle eingewiesen.[46] Vogts Verhältnis zum neuen Leiter der Gemeindevollzugspolizei war wieder spannungsgeladen. Nach Beginn des Krieges waren Luftschutzaufgaben neu auf die Polizei zugekommen. In der Polizeiwache wurde ein zusätzlicher Fernsprecher mit direkter Leitung zum Luftschutz-Warnamt Brunsbüttel installiert. Ständige Sprechbereitschaft war erforderlich, um die Bevölkerung bei Bedrohung durch Luftangriffe rechtzeitig alarmieren zu können. Dazu hatte Vogt Polizeimeister Gehrt verpflichtet. Im November 1940 rief Vogt in der Polizeiwache an, und da sein Anruf nicht sofort entgegengenommen wurde, erließ er eine Dienststrafverfügung gegen Gehrt. Der Landrat und die Polizeiabteilung des Regierungspräsidenten hielten Vogts Anweisung, dass sich der Polizeimeister ausschließlich in seinem Dienstzimmer aufhalten müsse, für unzweckmäßig und die disziplinarische Bestrafung für überzogen. Vogt wurde aber nicht offen kritisiert und auch nicht zur Abmilderung seiner Disziplinarmaßnahe angehalten. Gehrt wurde Ende März 1941 nach Bad Segeberg versetzt.

Ungefähr zur gleichen Zeit, im Juni 1941, hatte Himmler einen Runderlass herausgegeben, der vorsah, dass die Gemeindevollzugspolizei in Städten mit mehr als 6000 Einwohnern von einem Revier-Leutnant geführt werden solle.[47] Auf den daraufhin gestellten Antrag von Bürgermeister Vogt wurde eine entsprechende Stelle in Glückstadt geschaffen und mit Polizeimeister Detlef Hensen besetzt, der seit 1. April 1941 in Glückstadt Dienst tat. Ihm fehlten noch Ausbildungsvoraussetzungen, um den vorgesehenen Status erreichen zu können. Dazu nahm er 1942 am 13. Revier-OffizierAnwärterlehrgang an der Schutzpolizeischule Pelplin im damaligen Reichsgau Danzig-Westpreußen teil.[48] Hensen

---

46 *Bericht des Bürgermeisters als Ortspolizeibehörde an den Landrat v. 6.10.1938. Jessen wurde am 1. Januar 1941 nach Büdelsdorf versetzt.*

47 *Rundschreiben des Regierungspräsidenten in Schleswig v. 20.6.1941 an die Herren Landräte betr. Einrichtung von Rev.-Leutnantsstellen in der Schutzpolizei der Gemeinden; Bezug: Runderlaß des RFSSuChdDtPoliRMdI v. 17.4.1941 Pol. O-Kdo I0(6)1, Nr. 217/41, Reichsministerialblatt der inneren Verwaltung, S. 700.*

48 *Vermerk des Landrats des Kreises Steinburg v. 4.7.1941, StA Glü, 2804.*

wurde im Februar 1944 nach Heide versetzt, sein Nachfolger war Revier-Leutnant Heinrich Röschmann.[49]

In den Kriegsjahren kamen spezifische neue Aufgaben auf die Glückstädter Polizei zu. Dass die regulären Glückstädter Polizeibeamten zum »Osteinsatz« abkommandiert worden wären, lässt sich nur für August Meinecke nachweisen.[50] Er schrieb im Juni 1943, inzwischen zum Polizeimeister befördert, aus dem »Osten« an die NSDAP-Ortsgruppe Glückstadt.[51]

Seine Feldpostnummer weist aus, dass er der 1. Hauptmannschaft des Gendarmerie-Einsatzkommandos z. b. V. zugeteilt war, das dem SSund Polizeiführer Mogilew unterstand und dort stationiert war.[52] Die Formation ist mit der Tötung sowjetischer Zivilpersonen belastet.[53]

Das Kriegsgefangenen-Stammlager X A in Schleswig richtete fünf Kriegsgefangenen-Arbeitskommandos mit zusammen 325 bis 390 Kriegsgefangenen im Stadtgebiet Glückstadts ein.[54] Außerdem wurden

49 *Heinrich Röschmann, geb. 28.9.1898 in Kiel, Polizeioberwachtmeister in Kiel und Schleswig, 1934 Polizeihauptwachtmeister, 1.5.1937 Eintritt in die NSDAP, Mitgliedsnummer 4208716, 1943 Polizeimeister, 1944 Revier-Leutnant, 1.5.1944 Versetzung nach Glückstadt, 1945 Rückstufung zum Polizeiobermeister, 14.8.1946 Abschluss der Entnazifizierung und Genehmigung zur Beibehaltung im Dienst des Military Government Detachment 312 (P), Leutnant der Polizei; LAS, Abt. 460.14, Nr. 303, Geschäftszeichen HA 7120.*

50 *Auskunft des Bundesarchivs Ludwigsburg v. 27.6.2012, dass die Polizeibeamten Fölster, Glas, Hauschildt, Meinecke, Willer und Meiszus laut Kartei der Zentralen Stelle der Landesjustizverwaltungen zur Aufklärung nationalsozialistischer Verbrechen in Ermittlungsakten zu nationalsozialistischen Gewaltverbrechen nicht aktenkundig geworden sind. Alle sechs Genannten und der Gendarmerie-Reservist H. Kahl konnten auch von der Deutschen Dienststelle (WASt) nicht nachgewiesen werden; Schreiben II C 25 120615 172-677/109 der Deutschen Dienststelle v. 19.11.2012 an den Autor.*

51 *Briefe Meineckes an die NSDAP-Ortsgruppe Glückstadt, StA Glü, 2099.*

52 *Wolfgang Curilla: Die deutsche Ordnungspolizei und der Holocaust im Baltikum und in Weißrussland 1941–1944, Paderborn 2006, S. 380.*

53 *Ebd.*

54 *Gerhard Hoch/Rolf Schwarz (Hg.): Verschleppt zur Sklavenarbeit. Kriegsgefangene und Zwangsarbeiter in Schleswig-Holstein, Alveslohe/Nützen 1985, S.*

sieben Gemeinschaftslager für Zwangsarbeiter/-innen mit einer Belegstärke von ca. 650 Personen eingerichtet. Es liegen die Durchschriften sämtlicher 1944/45 in Glückstadt erlassenen 361 Strafverfügungen vor.[55] Nur 24 % (87) richteten sich gegen Deutsche, alle anderen gegen Ausländer und Ausländerinnen. Auffällig ist Polizeileutnant Röschmanns Beflissenheit; er erstattete 91 Anzeigen gegen Ausländer und Ausländerinnen, die anderen Berufspolizisten je zwischen 8 und 25.

Mitwirkung an der Verfolgung missliebiger politischer Meinungen

Die NSDAP-Führung verlangte politische Konformität von der Bevölkerung in extremem Ausmaß. Jede kritische Äußerung in der Öffentlichkeit wurde unter Strafe gestellt. Dazu erließ Hindenburg am 21. März 1933 die »Verordnung des Reichspräsidenten zur Abwehr heimtückischer Angriffe gegen die Regierung der nationalen Erhebung«, abgelöst durch das »Gesetz gegen heimtückische Angriffe auf Staat und Partei und zum Schutz der Parteiuniformen« vom 20. Dezember 1934 (sog. »Heimtückegesetz«).

Auf dieser Grundlage ging die Glückstädter Polizei z. B. gegen Emma Hasch, Schwiegermutter des ehemaligen SPD-Stadtverordneten Gottfried Kemm, vor. Sie hatte sich im August 1935 zu der Äußerung hinreißen lassen, Hitler sei ein großer Lump. Außerdem sei Marinus van der Lubbe, der Brandstifter des Reichstagsbrands, von der NSDAP für seine Tat bezahlt und in Wirklichkeit gar nicht hingerichtet worden.[56] Diese beiden Äußerungen wurden dem neuen NSDAP-Ortsgruppenlei-

187 f.; »Ausländereinsatz in der Nordmark«. Zwangsarbeitende in Schleswig-Holstein 1939–1945, hg. v. Uwe Danker/Robert Bohn/Nils Köhler/Sebastian Lehmann, Bielefeld 2001, S. 168. Die beiden Publikationen enthalten Aufstellungen mit voneinander abweichenden Angaben.

55 *StA Glü, 2061.*

56 *Staatsanwaltschaft Altona, Verfahrensakte 11 Son KMs 55/35, LAS, Abt. 352 Altona, Nr. 8913; Akte des Komitees ehemaliger politischer Gefangener, Hamburg, über Emma Hasch, Archiv der Vereinigung der Verfolgten des Naziregimes – Bund der Antifaschistinnen und Antifaschisten, Landesvereinigung Hamburg (VVN Hamburg).*

ter Heinrich Behrens hinterbracht, der die Polizei einschaltete. Polizeihauptwachtmeister Glas führte die Vernehmung. Emma Hasch wurde vom Sondergericht Altona zu sechs Monaten Haft verurteilt. Als sie vier Monate und zehn Tage verbüßt hatte, wurde sie amnestiert.[57]

Die Kontoristin Mariechen Hoff saß 1943 mit Gästen beim Kaffee, als die Diskussion politisch wurde. Den nationalsozialistischen »fanatischen Beteuerungen« eines Kaffeegastes hielt sie Argumente entgegen und stellte den »Wahnsinn und Terror des Naziregimes« heraus.[58] Einige Tage später, am 28. Februar 1943 mittags, wurde sie von den Polizisten Fölster und Maaß festgenommen. »Beide Herren waren sehr empört über mich und meinten, ich sähe so anständig aus und wäre es doch nicht.« Nach zehn Monaten Untersuchungshaft verurteilte das Schleswig-Holsteinische Sondergericht in Kiel Mariechen Hoff zu einem Jahr Gefängnis. Da die Untersuchungshaft angerechnet wurde, wurde sie zwei Monate später aus dem Marstall-Gefängnis in Lübeck entlassen. Kurz nach Antritt ihrer neuen Arbeitsstelle stattete Bürgermeister Vogt dem Betrieb mit einer Delegation einen Besuch ab. Dabei habe er gedroht, sie »fristlos zu entlassen und in die Chlorwäsche zu Temming [Papierfabrik; R. M.] zu stecken, da das Weib nur da« – an die härtesten und ungesündesten Frauenarbeitsplätze der Stadt – hingehöre.[59]

Mitwirkung an der Homosexuellenverfolgung

Mit zwei Erlassen vom 10. Oktober 1936 hatte Himmler die Einrichtung einer Reichszentrale zur Bekämpfung der Homosexualität und der

---

57 *Abschrift des Entlassungsscheins der Lübeckischen Gefangenenanstalten v. 27.4.1936, Akte des Komitees ehemaliger politischer Gefangener, Hamburg, über Emma Hasch (Anm. 56).*

58 *Lebenslauf Mariechen Hoff, Akte des Komitees ehemaliger politischer Gefangener, Hamburg, über Mariechen Hoff, VVN Hamburg; Schleswig-Holsteinisches Sondergericht, Akte 12 Son KLs 21/43, LAS, Abt. 358, Nr. 5679; Gefangenenpersonalkarte der Justizvollzugsanstalt Lübeck zu Mariechen Hoff, LAS, Abt. 357.3, Nr. 6064; Schleswig-Holsteinisches Sozialministerium, Entschädigungsakte Mariechen Hoff, verh. Lightfoot, LAS, Abt. 7611, Nr. 22263.*

59 *Lebenslauf Mariechen Hoff (Anm. 58).*

Abtreibung beim Preußischen Landeskriminalpolizeiamt verfügt.[60] Die praktischen Arbeitsschritte regelte die Zweite Anordnung des Chefs der Sicherheitspolizei vom 9. Februar 1937, die auch bei der Glückstädter Polizeiverwaltung einging.[61] Vorgesehen war, dass die Reichszentrale Karteien aller Personen anlegen und führen würde, die nach dem 15. Oktober 1936 aufgrund der §§ 218 RStGB (Abtreibung), 174 (sexueller Missbrauch von Schutzbefohlenen), 175 (homosexuelle Handlungen), 175 a (dasselbe, erschwerte Fälle) und 253 (Erpressung) angezeigt oder verurteilt waren. Es sollten auch alle diejenigen erfasst werden, die in gerichtlichen Verfahren freigesprochen worden waren.

Die örtlichen Polizeibehörden wurden verpflichtet, Vordrucke der vorgesehenen Karteikarten anzufordern. Die Ortspolizeibehörde Glückstadt bestellte je zehn Karteikarten »Gestapa Nr. 71 (grün IS)« und »Gestapa Nr. 72 (grau IS)«. Laut maschinenschriftlicher Aufstellung ohne Datum meldete die Glückstädter Polizei neun Personen wegen Verdachtes der Homosexualität und eine wegen schweren sexuellen Missbrauchs von Kindern (§ 173 Abs. 3). Von Mai 1937 bis März 1938 machten die Polizeibeamten zwölf weitere Männer namhaft, danach keine mehr. Es handelte sich ausschließlich um Verdachtsfälle, von Strafverfahren war in keinem Fall die Rede. Über den Oberleutnant a. D. J. hieß es z. B.: »J. pflegte viel Verkehr mit jungen Männern u. machte sich nach § 175 verdächtig. Anklage nicht erhoben«. Zwei der gemelde-

60 Zur Reichszentrale: *Günter Grau (Hg.): Homosexualität in der NS-Zeit. Dokumente einer Diskriminierung und Verfolgung, Frankfurt am Main 2004, S. 139–143.*

61 *Schreiben des Landrats des Kreises Steinburg in Itzehoe v. 21.2.1937 an die Ortspolizeibehörden der Städte und Lägerdorf und die Herren Gendarmeriebeamten mit einer Abschrift des Schreibens des Chefs der Sicherheitspolizei Tgb. Nr. S-PP(II H) 2861/37 v. 9.2.1937 an das Gestapa, das preußische Landeskriminalpolizeiamt Berlin, alle Staatspolizeileitstellen und Staatspolizeistellen im Reiche, alle Kriminalpolizeileitstellen und Kriminalpolizeistellen im Reiche betr. Bekämpfung der Homosexualität und Abtreibungen. G. B. I 24/36g, StA Glü, 3051. Auszugsweiser Abdruck in Grau (Anm. 60), S. 135 f.*

ten Männer waren Insassen der Landesarbeitsanstalt. Bei einem Mann ist vermerkt, dass er Selbstmord begangen habe.[62]

Ebenfalls 1936 beauftragte die Hamburger Staatsanwaltschaft die Glückstädter Polizei mit Ermittlungen. Zwei »Jungen von der Reeperbahn« hatten, wie Wilhelm Vogt 1980 berichtete, Johannes Jakob Augustin, den Sohn des Druckereibesitzers Heinrich Wilhelm Augustin, »wegen § 175« beschuldigt. Die fällige Vernehmung übernahm Vogt selbst, lud Augustin vor und konfrontierte ihn mit den Vorwürfen. Augustin bestritt alles und konnte gehen; umgehend emigrierte er über Paris nach New York.[63]

Mitwirkung an antijüdischen Maßnahmen

Antisemitische Symbolkraft hatte eine von Bürgermeister Vogts 1941 angeordnete Maßnahme: Er ließ den jüdischen Friedhof aufheben, um das Gräberfeld als Lagerplatz der Bezirksabgabestelle für Gemüse zu nutzen. Immerhin wurden die kulturhistorisch bedeutsamen Grabdenkmäler aus dem 17. und 18. Jahrhundert nicht zerschlagen, sondern aufgestapelt.[64]

62 *Aufstellungen: Wegen Vergehens und Verbrechens nach § 175 festgenommene oder verdächtige Personen, StA Glü, 3051.*

63 *Jimmy Ernst: Nicht gerade ein Stilleben. Auszüge aus der Autobiographie, in: Bau/Dieckhoff (Anm. 8), S. 31–56, hier S. 37. Laut Social Security Death Index lebte Johannes Jakob Augustin vom 12.10.1904 bis 1.3.1984, letzter Wohnsitz: Locust Valley, Nassau County, New York (ancestry.com, Zugriff: 2.8.2012). Dort hatte er 1937 die Fa. J. J. Augustin Publisher Incorporated gegründet, die eng mit dem heimatlichen Unternehmen in Glückstadt kooperierte. Der auf Herausgabe wissenschaftlicher Werke US-amerikanischer Universitäten spezialisierte Verlag existiert bis heute; Nissen (Anm. 8), S. 51.*

64 *Michael Studemund-Halévy: Ungeliebtes Erbe. Glückstadt und sein jüdischer Friedhof, in: Gerhard Paul/Miriam Gillis-Carlebach (Hg.): Menora und Hakenkreuz. Zur Geschichte der Juden in und aus Schleswig-Holstein, Lübeck und Altona 1918–1998, Neumünster 1998, S. 743–753, hier S. 746 f. Vgl. Jüdischer Friedhof Glückstadt, in: Wikipedia. Die freie Enzyklopädie, http://de.wikipedia. org/wiki/J%C3%BCdischer_Friedhof_Gl%C3%BCckstadt, Zugriff: 2.8.2012.*

1933 lebten noch eine Jüdin und ein Jude in Glückstadt: Ehefrau Minna Petersen und Buchbindermeister Simon Talesnik, Leiter der Buchbinderei der Fa. Augustin mit 40 Arbeitskräften. 1937 wanderte Simon Talesnik, unterstützt durch die Familie Augustin, mit seiner Familie in die USA aus.[65] Bis dahin sei er in der Stadt vonseiten der NSDAP und des Bürgermeisters »keinerlei Verfolgungen« ausgesetzt gewesen.[66] Minna Petersen blieb bis 1945 unangetastet, weil sie in »privilegierter Mischehe« lebte.[67] Sie war mit dem »arischen« Bankvorsteher der Schleswig-Holsteinischen und Westbank in Glückstadt, Nikolai Petersen, verheiratet.

Im Juli 1938 ging bei der Ortspolizeibehörde Glückstadt die Verfügung des Leiters der Kriminalpolizeistelle Hamburg, Walter Bierkamp, mit Regelungen zur »Bearbeitung von Rassenschandesachen« ein.[68] Es sei aufgefallen, dass seit Erlass des »Blutschutzgesetzes« im Gebiet der Kriminalpolizeistelle Hamburg – ausgenommen die Hansestadt Hamburg – so gut wie keine »Rassenschandesachen« bearbeitet worden seien.[69] Bei »der bekannten Mentalität der Juden« sei aber anzunehmen,

Nach 1945 wurden die Grabplatten der Größe nach auf reduzierter Fläche wieder ausgelegt.

65 *Am 15. Juni 1944 erhielt er die Staatsbürgerschaft der USA; sein Wohnsitz zu dieser Zeit war 1853 Ditmars Blvd., Astoria, New York. Laut Social Security Death Index lebte er vom 20.5.1884 bis Juni 1975, Sozialversicherungsnummer 109-12-2366, letzter Wohnsitz 07740 Long Branch, Monmouth, New Jersey (ancestry.com, Zugriff: 2.8.2012).*

66 *Eidesstattliche Erklärung v. Frau M. Hartz v. 2.7.1947, Abschrift in der Akte des Verfahrens Sp Js 1646/47 des Spruchgerichts Bielefeld gegen Wilhelm Vogt, Bundesarchiv, Z 42 III, Nr. 3760.*

67 *Gerhard Paul: »Nein, den kenn' ich, der ist Italiener!« Wie Menschen aus Schleswig-Holstein verfolgten Juden beistanden, in: Paul/Gillis-Carlebach (Anm. 64), S. 573–589, hier S. 581 f.*

68 *Verfügung des Landrats des Kreises Steinburg an die Ortspolizeibehörden v. 16.7.1938 mit der Abschrift des vertraulichen Rundschreibens der Kriminalpolizeistelle Hamburg v. 8.7.1938, StA Glü, 3051.*

69 *Das »Blutschutzgesetz« – das »Gesetz zum Schutze des deutschen Blutes und der deutschen Ehre« – gehörte zu den berüchtigten am 16. September 1935 erlassenen »Nürnberger Gesetzen«. Es verbot die Eheschließung und den außer-*

»dass sie auch ausserhalb Hamburgs strafbaren Verkehr mit Deutschblütigen versucht oder unterhalten haben«.

Deshalb seien alle über 14 Jahre alten Juden beiderlei Geschlechts, die am Ort wohnten, auf Vordrucken (gelben Karten) in dreifacher Ausfertigung zu melden. Auf einem gesonderten Vordruckmuster sollten u. a. alle diejenigen Juden gemeldet werden, die Inhaber, Geschäftsführer oder leitende Angestellte von Geschäften mit weiblichen »deutschblütigen« Angestellten seien. Die Glückstädter Ortspolizeibehörde machte Minna Petersen als Jüdin namhaft und reichte drei entsprechende Vordrucke ein. Im Begleitschreiben, das von Wilhelm Vogt unterschrieben ist, heißt es: »Im Stadtbezirk Glückstadt können keine Juden der Rassenschande verdächtigt werden. Die Frau Petersen besitzt den allerbesten Ruf. Sie ist weder durch ihr Äußeres noch durch ihre Charakteranlage als Jüdin erkennbar. [...] Es kann auch angenommen werden, daß die Glückstädter Bürgerschaft und deren Kinder über die Judenfrage genügend aufgeklärt sind und es einem von auswärts zugereisten, äußerlich erkennbaren Juden recht schwer fallen dürfte, ein Opfer für einen strafbaren Verkehr zu finden. In einer Kleinstadt, wo jeder den anderen kennt, und mehr oder weniger beobachtet wird, dürfte kaum als ein geeignetes Betätigungsfeld für Verbrechen gegen das Blutschutzgesetz gewählt werden.« Das Schreiben wurde den Polizeibeamten zur Kenntnis gegeben und ist mit den Handzeichen von Gehrt, Fölster, Meinecke und Hauschildt versehen.[70]

Erste Repressionen richteten sich gegen Nikolai Petersen, der seit 26. August 1939 zur Wehrmacht einberufen war. Das Reichsverfügungsblatt der NSDAP-Parteikanzlei vom 1. Juli 1942 machte bekannt, der »Führer« habe entschieden, dass Männer aus der Wehrmacht auszuscheiden hätten, die mit Jüdinnen verheiratet seien. Als von dieser Bestimmung betroffen meldete Bürgermeister Vogt Nikolai Petersen am 20. Oktober 1942 dem Wehrmeldeamt Itzehoe, das die Entlassung einleitete. Die Wehrmacht versuchte, Petersen – letztlich erfolglos – zu halten, weshalb sich die Verabschiedung bis zum 5. April 1943 hinauszögerte. Anschließend arbeitete Petersen für seine Bank in Itzehoe und wurde

ehelichen Geschlechtsverkehr zwischen Juden und Nichtjuden. Missachtung galt als »Rassenschande« und wurde mit Haftstrafe bedroht.

70 *Schreiben der Ortspolizeibehörde Glückstadt v. 15.7.1938, StA Glü, 3051.*

auf Veranlassung der Gestapo am 13. Februar 1945 zur Bauleitung der Organisation Todt, Flugplatz Zerbst-Lindau, dienstverpflichtet, die dort ein Arbeitslager für »jüdische Mischlinge ersten Grades« und »jüdisch Versippte« aus Mischehen unterhielt. Dort musste Nikolai Petersen einfache Handarbeiten beim Straßenbau, Flugplatzbau und Torfstechen verrichten und wurde aggressiv antisemitisch behandelt. Wegen Annäherung der Front wurde das Lager am 12. April 1945 auf den Flugplatz Groß Lübars verlegt und einen Tag später aufgelöst.[71]

Für denselben Tag, an dem Nikolai Petersens Dienstverpflichtung verfügt wurde, hatte die Gestapoaußenstelle Itzehoe die Polizei in Glückstadt telefonisch beauftragt, Minna Petersen festzunehmen, am 14. Februar 1945 nach Hamburg zu bringen und dort der Gestapo zu übergeben. Gemeinsam mit 168 Personen wurde sie per Bahn von Hamburg in das Konzentrationslager Theresienstadt überführt. Sie überlebte und kehrte am 6. Oktober 1945 nach Glückstadt zurück.[72]

Mitwirkung an pervertierter Strafverfolgung

Am 31. Januar 1938 meldete das Hamburger 32. Kriminalkommissariat, es habe Waldemar Beims aus Glückstadt wegen Fahrraddiebstahls festgenommen. Der Festgenommene habe außerdem eingeräumt, seinem Vater 20 Reichsmark aus einer Geldkassette gestohlen zu haben.[73] Die Polizeiverwaltung Glückstadt möge feststellen, ob der Vater Strafantrag stelle. Dies, berichtete Polizeihauptwachtmeister Meinecke, lehne der Vater ab. Der Sohn sei nicht voll zurechnungsfähig und habe, beeinflusst von einem Freund in Hamburg-Wilhelmsburg, am Vortag gegen 23 Uhr die Wohnung der Eltern heimlich Richtung Hamburg verlassen. Das Amtsgericht Hamburg stellte das Verfahren am 11. März 1938 wegen Schuldunfähigkeit ein.

71 *Lebenslauf in der Akte des Komitees ehemaliger politischer Gefangener, Hamburg, über Nikolai Petersen, VVN Hamburg.*

72 *Akte des Komitees ehemaliger politischer Gefangener, Hamburg, über Minna Petersen, VVN Hamburg.*

73 *Vermerk der Ortspolizeibehörde Glückstadt v. 31.1.1938 mit Bericht des Polizeihauptwachtmeisters Meinecke vom selben Tag, StA Glü, 2059c; Strafregister-Einträge v. 16.3.1938 u. 20.5.1942, StA Glü, 2053 u. 2059b.*

Es kamen zwei weitere Strafverfahren hinzu, eines wegen Diebstahls eines Portemonnaies mit 60 Reichsmark und einer Armbanduhr, eines wegen Arbeitsvertragsbruchs.[74] 1942 stahl Waldemar Beims erneut ein Fahrrad. Aufgrund des Vernehmungsprotokolls von Polizeimeister Hauschildt leitete Bürgermeister Vogt die justizielle Verfolgung ein. Am 8. Mai 1942 verurteilte das Landgericht in Itzehoe Waldemar Beims wegen Diebstahls zu neun Monaten Gefängnis unter Anrechnung der Untersuchungshaft in der Glückstädter Landesarbeitsanstalt. Die Unterbringung des Angeklagten in einer Heiloder Pflegeanstalt wurde angeordnet. Der als Sachverständiger auftretende Kreisamtsarzt Dr. Schmedt hatte zwar »Imbezillität« diagnostiziert, Schuldunfähigkeit im Sinne des § 51 StGB aber verneint. Nach Verbüßung der Haftstrafe in Lübeck wurde Beims in die Landespflegeanstalt Neustadt überführt. Von dort holte ihn die Kriminalpolizei Kiel aufgrund einer Verfügung des Generalstaatsanwalts in Kiel ab und überführte ihn in das Konzentrationslager Neuengamme. Dort verstarb er am 14. Dezember 1944. Als »Sicherungsverwahrter« war er gemäß einer Vereinbarung zwischen Reichsjustizminister Gürtner und Reichsführer SS Himmler in das Konzentrationslager eingewiesen worden.[75] Die Haftdauer von siebeneinhalb Monaten im KZ Neuengamme spricht dafür, dass er an ruinösen Lebensbedingungen im Lager zugrunde gegangen ist.

Im August 1943 durchsuchte die Glückstädter Polizei die Wohnung von Hermann Halbritter.[76] Er und sein Bekannter Karl-Heinz Freese hatten in Hamburg nach den verheerenden alliierten Bombenangriffen

74 *Sachverhalte nach den Akten LAS, Abt. 352.2, Landgericht und Staatsanwaltschaft Itzehoe, Nr. 66, Abt. 357.3, Justizvollzugsanstalt Lübeck, Nr. 9000, u. Abt. 377, Provinzial-Pflegeanstalt bei Neustadt in Holstein, Nr. 8083.*

75 *Zum Hintergrund vgl. Beiträge zur Geschichte der nationalsozialistischen Verfolgung in Norddeutschland 11 (2009): Ausgegrenzt. »Asoziale« und »Kriminelle« im nationalsozialistischen Lagersystem. Darin insbesondere die Aufsätze von Helmut Kramer: Der Beitrag der Juristen zum Massenmord an Strafgefangenen und die strafrechtliche Ahndung nach 1945, S. 43–59, und Hans-Peter Klausch: »Vernichtung durch Arbeit« – Strafgefangene der Emslandlager im KZ Neuengamme, S. 60–75.*

76 *Sachverhalt nach der Verfahrensakte des Hanseatischen Sondergerichts, Staatsarchiv Hamburg, 213-11, 4581/44.*

der Operation »Gomorrha« Ende Juli 1943 bei Bergungsarbeiten geholfen und dabei aus einem Wäschegeschäft Wäschestücke und Decken entwendet. Das Diebesgut hatten sie in Glückstadt versteckt. Halbritter hatte in Hamburg eine Frau näher kennengelernt, die er ebenfalls nach Glückstadt mitgebracht hatte. Seine Ehefrau, mit der er »schon länger in Unfrieden lebte«, meldete den Wäschediebstahl. Bürgermeister Vogt reichte die Vernehmungsprotokolle der Polizeibeamten Fölster und Hensen unter Zuführung der Beschuldigten dem Amtsgericht Itzehoe ein. Es folgte die Anklageerhebung vor dem Sondergericht in Hamburg, das, gestützt auf die Volksschädlingsverordnung, beide Täter am 17. August 1943 zum Tode verurteilte. Halbritter erhängte sich in seiner Zelle am 18. August 1943, Freese wurde am 25. September 1943 im KZ Neuengamme hingerichtet.[77]

Die »Aktion Gewitter« des Reichssicherheitshauptamtes 1944

Nach dem Attentat auf Hitler vom 20. Juli 1944 ordnete das Reichssicherheitshauptamt an, alle früheren Reichs- und Landtagsabgeordneten und die Stadtverordneten der SPD und KPD sowie die ehemaligen Gewerkschafts- und SPD-Sekretäre am Morgen des 22. August 1944 aus präventiven Gründen festzunehmen und in Konzentrationslager einzuweisen.[78]

Der Leiter der Staatspolizeistelle Kiel beauftragte das Referat IV 1 »Opposition« mit der Durchführung. Alle Außendienststellen der Gestapo in Schleswig-Holstein, alle Landräte und einige Ortspolizeibehörden wurden daraufhin von der Berliner Anordnung in Kenntnis gesetzt. Durch die Beamten der genannten Dienststellen wurden die infrage kommenden Frauen und Männer in »Schutzhaft« genommen und in das Polizeigefängnis Kiel eingeliefert.

Die Glückstädter Polizei nahm zehn Männer und eine Frau, Wilhelmine Scholz, fest und transportierte sie nach Kiel. Wegen Überfüllung

<hr>

77 *Auskunft des Hamburger Staatsarchivs v. 21.8.2012.*

78 *Vgl. Möller: Widerstand (Anm. 7), S. 220–223; Detlef Korte: »Aktion Gewitter« in Schleswig-Holstein, in: Demokratische Geschichte. Jahrbuch zur Arbeiterbewegung und Demokratie in Schleswig-Holstein 3 (1988), S. 521–526.*

wurden die Häftlinge der »Aktion Gewitter« noch am ersten Hafttag in ein Ausweichgefängnis, die Polizeibaracke in Kiel-Drachensee, gebracht. Dort wurden die Inhaftierten namentlich erfasst und diejenigen entlassen, die über 70 Jahre alt waren oder aus gesundheitlichen Gründen als haftunfähig galten.

Die Glückstädter Fritz Evert, Ferdinand Rügge, Wilhelm Steffen, Heinrich Wiechmann und Hinrich Reimers wurden in das KZ-Neuengamme überstellt, die übrigen blieben in Kiel. Die Kieler Gestapo veranlasste die eingehende politische Überprüfung der Verhafteten durch die Ortpolizeibehörden. Im Ergebnis wurden Evert, Rügge, Steffen und Wiechmann am 19. November 1944 aus Neuengamme bzw. Kiel-Drachensee entlassen. Hinrich Reimers kam am 1. Dezember 1944 frei. Für vier weitere Häftlinge aus Glückstadt ist das Entlassungs- bzw. Befreiungsdatum nicht überliefert, auch sie haben ihre politische Inhaftierung überlebt.

Die Befreiung

Per Funkspruch teilte die Regierung in Schleswig mit, ab 5. Mai 1945, 8.00 Uhr, herrsche »Waffenruhe gegenüber den Truppen des Generalfeldmarschall[s] Montgomery«.[79]

Landrat von Lamprecht setzte hinzu: »Ich erwarte von allen Dienststellen, daß die öffentliche Ruhe und Ordnung aufrecht erhalten wird. Zuwiderhandlungen sind von der Gendarmerie und Polizei mit den schärfsten Mitteln rücksichtslos zu bekämpfen.« »Frühere Landwacht« sei geschlossen zusammenzuziehen.[80]

Von einem Auftreten der Glückstädter Landbzw. Stadtwacht ist allerdings nichts bekannt. Durch Ausrufer ließ Bürgermeister Vogt die

79 *Funkspruchs der Regierung Schleswig v. 5.5.1945 mit »Zusatz des Landrats«, Abschrift, enthalten in der Mappe »Sammlung von Unterlagen über die Geschichte des AW [Ausbesserungswerks] Glückstadt 1881« der AWSt [Ausbesserungswerkstätte] Glückstadt der Deutschen Bundesbahn. Ich danke dem damaligen Personalchef Fröde für die Gelegenheit zur Sichtung und Anfertigung von Fotokopien.*

80 *Land- und Stadtwacht waren am 18. Februar 1945 in den Volkssturm überführt worden, der seitdem deren Aufgaben wahrnahm.*

Glückstädter Bevölkerung auf dem Marktplatz zusammenrufen; zivil gekleidet mit goldenem NSDAP-Parteiabzeichen am Revers, gab er die Kapitulation bekannt.[81]

Am 6. Mai 1945 suchte eine alliierte Kommission den Bürgermeister und die örtliche Marinekaserne auf. Die Kommission war aber nur vorübergehend zu informatorischen Zwecken gekommen war und traf keine Anordnungen.[82]

Am 9. Mai 1945 richtete sich das auch für Fragen der inneren Sicherheit zuständige 216 Military Government Detachment im Itzehoer Kreishaus ein. Der Chef der Abteilung, Major Roderick Travers Hawes, unterstellte sich die Kommunalverwaltungen.

Der Glückstädter »Antifaschistische Gewerkschaftsausschuss«, der mit einem aus früheren SPD- und KPD-Aktivisten bestehenden entsprechenden spontan gebildeten Zusammenschluss in der Nachbarstadt Elmshorn in Verbindung stand, nahm sechs ortsbekannte NS-Funktionäre in Haft und hielt sie im Keller eines Hauses fest. Der Loggermatrose Hans Tödt, vor 1933 in der KPD organisiert, drang in Bürgermeister Vogts Dienstzimmer vor, überwältigte ihn, brachte ihm dabei mit einem Schlag mit einem Pistolenknauf auf den Kopf eine Platzwunde bei und führte ihn ab.[83]

Nach wenigen Stunden Haft in der bisherigen DAF-Geschäftsstelle kamen die NS-Funktionäre wieder frei. Die britischen Miltärbehörden

81 *Familienüberlieferung des Autors, dessen Vater und Großvater an der Versammlung vor dem Rathaus teilgenommen haben.*

82 *Kurzbericht über die Lage des RAW Glückstadt seit dem Eintreffen der all. Kommission des Reichsbahn-Ausbesserungswerks Glückstadt an den Vizepräsidenten der Reichsbahndirektion Hamburg v. 11.5.1945, enthalten in der Mappe »Sammlung von Unterlagen über die Geschichte des AW [Ausbesserungswerks] Glückstadt 1881« (Anm. 79).*

83 *Bericht von Bürgermeister Vogt an den Landrat des Kreises Steinburg v. 17.5.1945, LAS, Abt. 320 Steinburg, Nr. 2766. Vgl. auch Detlef Siegfried: Die Befreiung Elmshorns durch SPD und KPD im Mai 1945, in: Demokratische Geschichte. Jahrbuch zur Arbeiterbewegung und Demokratie in Schleswig-Holstein 3 (1988), S. 559–568.*

wollten mit diesem Ausschuss weder kooperieren noch billigten sie dessen Maßnahmen.[84]

Am folgenden Tag, dem 10. Mai 1945, besuchte der britische Militärgouverneur Glückstadt und traf Vorkehrungen zur Kontrolle der deutschen Zivilbevölkerung und der befreiten ausländischen Zwangsarbeitskräfte, der Displaced Persons.[85]

Am Sonnabend und Sonntag, 12. und 13. Mai 1945, fuhr die erste Batterie des 15th Light Anti Aircraft Regiment, Royal Artillery, in der Stadt auf und bezog Bürgerquartiere in der Moltkestraße (heute Bohnstraße). Für den Rest des Monats vermerkt das Kriegstagebuch der Einheit: "Still in GLUCKSTADT where we are very comfortable and continuing with Mil Gov [Military Government] tasks and collecting arms, looking after DP's [Displaced Persons]) and PW's [Prisoners of War]. So ends the War Diary for this war!"[86] Am 17. Mai 1945 richtete Militärgouverneur Hawes eine schriftliche Verfügung an den Landrat des Kreises Steinburg mit Durchschlag an die Glückstädter Besatzungstruppe: "Bürgermeister Vogt of Glückstadt is deposed forwith."[87]

Die Glückstädter Polizisten zogen es in diesen Tagen vor, nicht auffindbar zu sein. Dadurch konnte z. B. Gendarmerie-Reservist

Henry Kahl der Selbstjustiz befreiter polnischer Zwangsarbeiter entgehen. Vor seiner Wohnung hatte sich ein größerer Auflauf wütender

---

84   *Am 13. Mai 1945 veranlasste der britische Militärgouverneur im Kreis Pinneberg die Auflösung der Elmshorner »antifaschistischen Organe« und ließ führende Aktive verhaften. Zwei von ihnen wurden wegen der Inhaftierung Elmshorner NS-Funktionäre wegen Amtsanmaßung und illegalen Waffenbesitzes zu zwei bzw. drei Jahren Gefängnis verurteilt. Nach Intervention der Hamburger Leitungen der KPD und SPD, der kritischen Thematisierung im britischen Unterhauswahlkampf und in der britischen Presse erfolgten Begnadigungen im Juli 1945; vgl. Siegfried (Anm. 83), S. 566.*

85   *War Diary des 216 Military Government Detachment, Eintragung v. 10.5.1945, The National Archives, London, WO 171/7942.*

86   *The Manx Aviation and Military Museum, War Diary der 1st Battery, 15th Light Anti Aircraft Regiment (Isle of Man), Royal Artillery, für Mai 1945, S. II.*

87   *Am 23. Mai 1945 wurde Vogt verhaftet; damit begann seine zwei Jahre und vier Monate dauernde Internierungshaft.*

Menschen gebildet. Ohne ihre Rachegefühle gestillt und ohne Kahls Familie angetastet zu haben, gingen sie wieder auseinander.[88]

Resümee

Zu Beginn der NS-Zeit war die Glückstädter Polizei von der Gewalttätigkeit der SA bedroht. Dem auswärtigen SA-Schlägertrupp stand sie am 7. März 1933 hilflos gegenüber. Es gelang nicht, die Personalien der Täter festzustellen und die Tatbestände so weit zu dokumentieren, dass eine Strafverfolgung eingeleitet werden konnte. Diese hätte zumindest wegen Landfriedensbruch, Körperverletzung, Beleidigung und Sachbeschädigung erfolgen müssen. Mindestens zwei Beamte sind tätlich angegriffen worden, konnten sich nur mit Mühe der Angreifer erwehren. Auch der älteste Nationalsozialist Glückstadts und Leiter der Ortspolizeibehörde war vor Übergriffen der SA, wie der »Rathaussturm« gezeigt hatte, nicht sicher. Gegen den »Prangermarsch« der Glückstädter SA am 19. April 1933, bei dem viele Sozialdemokraten und Reichsbanner-Mitglieder ihrer Freiheit beraubt und in demütigendem öffentlichem Umzug in das neue örtliche Konzentrationslager geführt wurden, ist die Polizei pflichtwidrig nicht eingeschritten.

Die örtliche Polizei war das entscheidende Machtinstrument, mit dem die NS-Führung in den ersten Wochen ihrer Machtausübung die gegnerischen Parteien, Gewerkschaften und sonstigen politischen Zusammenschlüsse auflöste und deren Arbeit unmöglich machte.

Auch an der Handhabung des schärfsten Instruments zur Terrorisierung politischer Gegner, der »Schutzhaft« in Konzentrationslagern, war die Polizei vielfältig beteiligt. Die Einrichtung des Konzentrationslagers Glückstadt war eine Initiative des Polizeipräsidenten von Altona, zwei von ihm delegierte Berufspolizeibeamte leiteten das Wachpersonal an und bestimmten die Haftbedingungen. Als KZ-Wächter wurden SA-Hilfspolizisten verwendet, die der Glückstädter Polizeiverwalter ausgewählt hatte. »Schutzhaft« und damit die Einweisung in das KZ Glückstadt verhängte der Landrat des Kreises Steinburg als Kreispoli-

---

88 *Familienüberlieferung des Autors zu den Geschehnissen vor dem eigenen Wohnhaus in Glückstadt, Am Bolritt 4. Gendarmerie-Reservist Kahl wohnte im Nachbarhaus, Am Bolritt 3b.*

zeibehörde auf örtlichen Antrag. Er verfügte ebenso Entlassungen und im Februar 1934 auch die Schließung der Einrichtung.

Die Glückstädter Polizisten waren auch dienstlich daran beteiligt, die rigiden nationalsozialistischen politischen Konformitätsanforderungen durchzusetzen, die die NS-Führung der Bevölkerung aufzwang. Als Hilfsbeamte der Staatsanwaltschaft brachten sie politisch Nonkonforme wie Emma Hasch und Mariechen Hoff vor das Sondergericht und bewirkten ihre Bestrafung nach dem »Heimtückegesetz«. Die beiden beteiligten Beamten, erinnerte sich Mariechen Hoff, seien über ihr inkriminiertes Verhalten persönlich entrüstet gewesen, was voraussetzt, dass die beiden Beamten nationalsozialistische Gesinnung verinnerlicht hatten.

Die Glückstädter Polizei war an der Verfolgung von Minderheiten beteiligt, die den Nationalsozialisten missliebig waren. Auf Anweisung zentraler Stellen machte sie Männer namhaft, die sie als Homosexuelle verdächtigte. Dass das polizeiliche Handeln einer der auslösenden Faktoren gewesen sein könnte, die einen der Verdächtigten in den Selbstmord trieb, liegt auf der Hand.

Die Polizeiverwaltung Glückstadt hat antijüdische Verfolgungsmaßnahmen ergriffen; sie war an der Judendeportation beteiligt und hat Minna Petersen der Hamburger Gestapo zugeführt. Dass diese dienstliche Mitwirkung nicht tödliche Konsequenzen hatte, war reines Glück, das von Entscheidungen im Berliner Reichssicherheitshauptamt abhing, die von Glückstadt aus in keiner Weise beeinflussbar waren.

An der Verfolgung der Minderheit der Sinti und Roma war die Polizeiverwaltung Glückstadt nicht beteiligt; die Polizeiakte mit dem Titel »Zigeuner« enthält keine Vorgänge aus der NS-Zeit.[89]

Die Aufklärung von Straftaten ist anerkannte Aufgabe jeder Polizeiorganisation überall auf der Welt. Im Fall Waldemar Beims aber war die Überführung eines mehrfachen Fahrraddiebes ein Beitrag zum Behindertenmord. Das war 1938 sicherlich nicht absehbar. An weiteren ver-

---

89 *StA Glü, D 2833. Die Akte war nach Erscheinen der Polizeiverordnung über das Umherziehen der Zigeuner vom 2. Oktober 1930 im Amtsblatt der Regierung zu Schleswig 1930, S. 443, angelegt worden. Vgl. Björn Marnau: Spuren der »Zigeuner«-Verfolgung im Kreis Steinburg, in: Steinburger Jahrbuch 40 (1996), S. 20–27.*

hängnisvollen Verfahrensschritten waren andere Institutionen als die Polizei beteiligt. Die Holocaustforschung hat herausgearbeitet, dass die NS-Massenverbrechen so effizient durchgeführt werden konnten, weil sie sehr kleinteilig organisiert waren und viele Beteiligte somit kleine Tatbeiträge leisteten, die jeweils für sich kaum schuldbeladen erschienen.

Die Wäschediebe Hermann Halbritter und Karl-Heinz Freese wurden aufgrund der »Volksschädlingsverordnung« verurteilt, deren Merkmale absichtliche Offenheit und Unbestimmtheit der Tatbestände und ein exzessiv ausdehnbarer Strafrahmen waren. Dieser paragrafenförmige Unrechtstext bot die strafrechtliche Möglichkeit, für Wäschediebe die Todesstrafe vorzusehen.[90] Damit sollte nicht dem Recht gedient, sondern die Bevölkerung eingeschüchtert werden. Die Überführung der beiden Täter war de facto Mitwirkung an dieser brutalen Politik. Der Bundestag hat sämtliche Verurteilungen, die auf der »Volksschädlingsverordnung« beruhten, durch das »Gesetz zur Aufhebung nationalsozialistischer Unrechtsurteile in der Strafrechtspflege« vom 25. August 1998[91] wegen Verstoßes gegen elementare Gedanken der Gerechtigkeit aufgehoben.

Mit der Durchführung der »Aktion Gewitter« im Auftrag der Gestapo wirkte die Polizei an einer weiteren Maßnahme mit, die ausschließlich politischen Terror bezweckte. Die Ortspolizeibehörden ermittelten die Namen bis 1933 kommunalpolitisch aktiver Frauen und Männer, die möglicherweise ein Machtgegengewicht gegen die NSDAP hätten werden können, wenn das Attentat vom 20. Juli 1944 gelungen wäre. Dass alle zehn verhafteten Glückstädter Männer und Wilhelmine Scholz überlebten, auch die vier Neuengamme-Häftlinge, war reines, von Glückstadt aus kaum beeinflussbares Glück.

Mindestens zwei Glückstädter Polizisten, ein Beamter und ein Reservist, waren an »Osteinsätzen« beteiligt, waren also zumindest Zeugen der mörderischen Besatzungspolitik in den eroberten Gebieten geworden.

<hr>

90 *Gerhard Werle: Das Strafrecht als Waffe: Die Verordnung gegen Volksschädlinge vom 5.9.1939, in: Juristische Schulung 29 (1989), Nr. 9, S. 952–958.*

91 *Bundesgesetzblatt I, Nr. 58, 31.8.1998, S. 2501–2503.*

Ab 1942 war eine der Hauptaufgaben der örtlichen Polizei, die Zwangsarbeitskräfte aus dem Ausland zu überwachen und die rassistisch diskriminierenden Bestimmungen zur Lebensführung durchzusetzen. Dabei zogen sie sich den Hass der Betroffenen zu. In Glückstadt sind vollendete Racheakte nicht nachweisbar. Auf Provinzebene sind jedoch in ganz Schleswig-Holstein in keiner Periode mehr Polizisten getötet worden als im Jahr 1945 nach der Befreiung – und zwar meist von Displaced Persons.

Obgleich Glückstadt nur eine Kleinstadt war und daher nur über wenige Polizisten verfügte, lässt sich auch dort eine vielfältige Verstrickung in nationalsozialistische Unrechtsmaßnahmen zeigen.

Dörfliche Schulchroniken – Spiegel der Zeitgeschichte (1933–1945)

Elke Witt

Seit mindestens 150 Jahren waren regelmäßige Eintragungen in eine Schulchronik für jeden Schulleiter eine Pflicht, die auch einmal jährlich von der Schulaufsicht, bis 1918 vom Pastor, dann vom Schulrat geprüft und abgezeichnet wurde. Die Schulchronik sollte am Beginn einen Überblick über die Schulgeschichte – Baugeschichte – enthalten und dann fortlaufend über die Arbeit und über lokale Ereignisse berichten. Der erste Autor einer Schulchronik hatte damit erhebliche Forschungsarbeit zu leisten, die Nachfolger hatten es dann einfacher. Es gab keine Vorschriften über Pflichtthemen. So bieten die Chroniken, wenn sie denn vollständig erhalten sind, einen vielfältigen Einblick in das Dorfleben. Leider sind etliche Chroniken nach Auflösung der kleinen Schulen und auch an größeren Schulen in den letzten 30 Jahren verlorengegangen.[1]

---

1 *„1. Die Schulchronik hat den Zweck, die Heimatkunde zu vermitteln. In welcher Form dies geschieht, ist Nebensache.*

2. Die Schulchronik ist kein Geschichtswerk, welches die Ereignisse nach Grund und Folge, Ursache und Wirkung wissenschaftlich darzustellen hat. Wir wünschen, daß hinfort kein Lehrer in ein neues Amt entlassen, womöglich auch nicht in den Ruhestand versetzt werde, der nicht zuvor seine Schulchronik vom Tage seines Dienstantritts an bis zu seiner Entlassung, nötigenfalls mit Hilfe eines geeigneten und bereitwilligen Nachbarlehrers, in die vorgeschriebene Ordnung gebracht hat." *Quelle: Griebe: Verordnungen betreffend das Volksschulwesen in Preußen, Düsseldorf 1898.*

Mir waren im Laufe der Jahre einige Chroniken zugänglich, und ich empfand es besonders spannend, wie ausführlich und mit welchen Schwerpunkten die Chronisten die überregionalen geschichtlichen Ereignisse, die stets auch die Dorfbewohner bewegten, dargestellt hatten. So versuchte ich, die erhaltenen Chroniken der kleinen, teilweise längst aufgelösten Dorfschulen der Kremper- und Kollmarmarsch aufzuspüren, um die Berichte über die Zeit der Diktatur 1933 bis 1945 nachzulesen. Ich fand nur eine kleine Zahl, so dass es nicht möglich ist, eine Statistik aufzustellen, es ist ein kleiner Blick in die Vergangenheit, aber erstaunlich fand ich die sehr unterschiedliche Darstellung, die von großer Begeisterung, vorsichtiger Anerkennung bis zur fast völligen Enthaltung reichte. Ich beziehe mich auf die Chroniken von Herzhorn, Bielenberg, Borsfleth, Sommerland, Horst, Engelbrechtsche Wildnis (Rhinschule), Neuendorf, Strohdeich, Altenmoor und Kollmar und werde sie in dieser Reihenfolge zitieren und mich an dem zeitlichen Ablauf orientieren.

1933 – Januar bis Mai

Herzhorn:

„Am 5. März 1933 fanden die Reichstagswahlen statt, welche der national-sozialen deutschen Arbeiterpartei den entscheidenden Sieg brachten. Am 8. März wurde aus dieser Veranlassung der Unterricht ausgesetzt, es wurde zum ersten Male die Hakenkreuzfahne, das Symbol der neuen Freiheitsbewegung gehißt.

Am 21. März, dem Tag der Reichstagseröffnung in Potsdam fand eine Schulfeier statt, in welcher auch die Eröffnungsfeier in Potsdam durch das Radio übertragen wurde.

Der 1. Mai, der von der neuen Reichsregierung als Tag der nationalen Arbeit erklärt wurde, wurde auch in unserer Gemeinde würdig begangen. Am Vormittag hatten die vaterländischen Verbände und Vereine (Kriegerverein, Turnverein, Gesangverein, Feuerwehr) Kirchgang. Am Nachmittag traten oben genannte Vereine unter Beteiligung der ganzen Einwohnerschaft bei der Wirtschaft von Behrens zum Festmarsch an, der durch die festlich geschmückten Straßen bis zur Mühle führte und zum Ausgangspunkt zurückgeleitet wurde. Auch die Schule hatte sich mit ihrem Trommler- und Pfeiferkorps in den Zug eingegliedert. Die Tour endete mit einer Ansprache des Hauptlehrers Schröder und dem gemeinsamen Gesang des Deutschlandliedes und des Horst-Wessel-Liedes." (Chronik Herzhorn, Schröder)

Bielenberg:

„Am 21.März fand anlässlich der Eröffnung des am 5. März neugewählten Reichstags eine durch die Regierung angeordnete nationale Erhebungsfeier statt. Die Feier begann mit dem Gesang „Lobe den Herrn", dann folgte eine Ansprache des Lehrers, in der auf die Bedeutung des Ereignisses der nationalen Erhebung des deutschen Volkes hingewiesen wurde und die mit der Rezitation des Gedichtes „Du sollst an Deutschlands Zukunft glauben" endete. Anschließend hörten die Kinder die Rundfunkrede des Herrn Reichspräsidenten und des Herrn Reichskanzlers.

In ähnlicher Weise wurde am 24. März der Gedenktag der Erhebung Schleswig-Holsteins gefeiert." (Chronik Bielenberg, Gehrt)

Borsfleth:

„Am 30. Januar war der Führer der Nationalsozialisten, Adolf Hitler, durch den Herrn Reichspräsidenten v. Hindenburg, mit der Regierungsbildung beauftragt worden. Auf diesen neuen Reichskanzler hat das junge Deutschland seit langem seine ganze Hoffnung gesetzt. Er wird der Mann sein, der Deutschland aus dem Chaos des Bolschewismus, aus der Parteienzerrissenheit zu neuer Einigkeit und getreu dem Hakenkreuzsymbol zur Sonne und zur Freiheit emporführen wird! So hat mich meine feste Hoffnung und mein Glaube an Deutschlands Wiedergesundung nicht betrogen, von dem ich bei meinem Antritt meiner letzten Stelle in Sieseby 1924 schrieb. Bei seiner Amtsübernahme erklärte der neue Kanzler:„Der Wiederaufstieg der deutschen Nation ist die Frage der Wiedergewinnung der Kraft und der Gesundung des deutschen Volkes. Durch die Erziehung der Jugend in dem Glauben an Gott und an unser Volk wollen wir die Nation zurückführen zu den einstigen Quellen ihrer Kraft. Wir wollen vor allem die deutsche Ehre, die

Alte Schule Borsfleth. Das Gebäude wurde 1683 erbaut und bis 1904 als Schule genutzt. Foto: Dorfarchiv Borsfleth, um 1980.

Achtung vor ihr und das Bekenntnis zu ihr wiederherstellen."(Chronik Borsfleth, Hadenfeld)

Sommerland:

„Am 30. Januar 1933 erfolgte der große politische Umbruch unseres Volkes – der Tag von Potsdam. Die Revolution ging in unserem Dorfe reibungslos vor sich. Von eifrigen Dorfbewohnern wurden für die Schule sofort neue Fahnen geliefert. Im Verfolg der allgemeinen Neuordnung schieden die sozialdemokratischen Mitglieder des Schulvorstandes aus ihren Ämtern.

Bedeutende Ereignisse der Neuordnung unseres Volkes – der Tag von Potsdam, der 1. Mai (Tag der Arbeit) wurden den Schulkindern durch die Radioübertragung zum Erlebnis. — Ein großer Teil der Schüler und Schülerinnen trat in die HJ bzw in das Jungvolk (BDM) ein. Die Erziehung zum neuen Staat rüttelt auch an der bisherigen Gestaltung des inneren Schulbetriebs. Dem Unterrichte sind insbesondere in Deutsch, Geschichte und Erdkunde sowie auf den Gebieten des Grenz- und Auslandsdeutschtums, der Rassenkunde und Erblehre, des Wehrgedankentums usw. besondere Aufgaben erwachsen. Möge sich die deutsche Schule diese ihrer großen Erziehungsaufgabe mit Erfolg entledigen zum Segen des deutschen Volkes." (Chronik Sommerland, Coldewey)

Horst:

„Am 30. Januar wurde der Führer der National-Sozialistischen Deutschen Arbeiterpartei vom Reichspräsidenten mit der Bildung einer „Regierung der nationalen Verbundenheit" beauftragt.

Am 5. März schritt das Volk noch einmal zur Wahlurne, um der neuen Regierung unter Führung des Volkskanzlers Adolf Hitler eine überwältigende Vertrauenskundgebung darzubringen. Am 8. März fiel auf Anordnung der Regierung der Unterricht aus, damit auch die Kinder sich des Wahlsieges freuen sollten.

Am Sonntag Reminiscere (12. März), der dem Gedenken der Gefallenen des ersten Weltkrieges geweiht ist, weht zum ersten Male wieder die ruhmreiche schwarz-weiß-rote Fahne am Flaggenmast unserer Schule, und am folgenden Tag wurde erstmalig das Banner der nationalen Erhebung, die Hakenkreuzfahne gehißt.

Am 21. März nahmen die Schüler durch Rundfunk an der erhabenen Feier des Tages von Potsdam teil." (Chronik Horst, Körner)

Engelbrechtsche Wildnis:

Keine Angaben zum Thema.

Neuendorf:

„Am 31. Januar übernimmt der Volkskanzler Adolf Hitler die Regierung. Die Regierung bekennt sich zum Führerprinzip. Es folgt die restlose Beseitigung der Parteien, die bisherigen Parteien werden entweder zerschlagen oder in die NSDAP überführt. Alle politischen und wirtschaftlichen Verbände werden gleichgeschaltet." (Chronik Neuendorf, Hölk)

Strohdeich:

„1. Mai 1933. Wie überall, so macht sich auch bei uns die neue Lust, die starke nationale Regierung, einschneidend bemerkbar in Begeisterung und Jubel der Kinder. Zum „Tage der Arbeit" konnten unsere Kinder leider nicht wie bei so vielen anderen deutschen Schulen geschlossen folgen, denn wir liegen zu abgelegen. Doch nahmen viele Kinder an den Umzügen teil." (Chronik Strohdeich, Brundert)

Altenmoor:

„Am 30. Januar erfolgte die Übernahme der Regierung durch die nationalen Parteien. Reichskanzler wird der Führer der Nationalsozialistischen Deutschen Arbeiterpartei, Adolf Hitler. Es folgen nun die Wahlen zum Reichstag und Landtag am 5. März.

Die Nationalsozialisten erhalten 17 265 823 Stimmen und damit 288 Mandate, die verbündete Kampffront Schwarzweißrot 3 192 595 Stimmen und damit 52 Sitze. In der am 12. März folgenden Provinziallandtags- und Kreistagstagswahl wird dieser Sieg noch größer. Die Gemeinde Altenmoor wählt z.B. für den Provinziallandtag:

- Nationalsozialisten   105 Stimmen
- Sozialdemokraten   15
- Kommunisten   –
- Kampffront   23
- Soz Kampfgemeinschaft   1
- Christl – nationaler Block 3

Die feierliche Eröffnung des deutschen Reichstages am 21. März in Potsdam erlebten die Kinder durch Rundfunkübertragung beim Gemeindevorsteher Hell mit. Im übrigen war der Tag schulfrei, ebenso wie der 8. März aus Anlaß des Sieges der nationalen Revolution. Ebenso ist der 24. März schulfrei wegen der 85 Jahrfeier der schleswig-holsteinischen Erhebung.

Das Schuljahr beginnt wegen der Verlängerung der Ferien erst am 1. Mai. Der 1. Mai, ein Sonntag, war Feiertag der nationalen Arbeit. Da eine örtliche Veranstaltung nicht stattfand, wurde eine Schulfeier veranstaltet." (Chronik Altenmoor, Schaumann)

Kollmar:

Keine Angaben zum Thema

Schon in diesen hier mitgeteilten Chronikberichten zeigt sich die unterschiedliche Perspektive der Schulleiter. Sie reicht von der großen Begeisterung in Borsfleth abgestuft über leisere Zustimmung in Herzhorn und Sommerland, Altenmoor, Neuendorf, Strohdeich und Bielenberg bis zum Verzicht einer Erwähnung an der Rhinschule und Kollmar. Die letztgenannte Chronik nimmt eine Sonderstellung ein. Der Chronist, Hauptlehrer Möller, bis 1946 durchgehend im Amt, berichtet nur über das Schulleben. Gewissenhaft zählt er die Ergebnisse der vorgeschriebenen Sammlungen auf, erwähnt aber keine der verordneten Feiern. Ich vermute, dass er im Schulalltag die Beeinflussung der Schüler seinem sehr begeisterten Kollegen überlassen hat.

Die unterschiedliche Einstellung ergibt sich zum Teil aus dem Lebensalter der Schulleiter. Sie waren mehrheitlich zwischen 1880 und 1900 geboren, hatten die Ausbildung über Schulhelfer in der heimatlichen Dorfschule, Präparandenanstalt und Lehrerseminar erhalten und waren schon lange im Dorf tätig. Noch geprägt von der Zeit der deutsch—dänischen Auseinandersetzung waren sie überzeugte Deutsche, zur Heimatliebe und zum Gehorsam gegenüber der Obrigkeit erzogen. Etliche brachten die Kriegserfahrung aus dem 1. Weltkrieg mit. Die Nachkriegszeit war für sie eine Zeit der Unruhen und der großen wirtschaftlichen Schwierigkeiten. Während die Jahre vor dem Krieg viele Verbesserungen für die Schularbeit gebracht hatten, z.B. sicheres Gehalt, teilweise neue Schulgebäude, zumindest aber Renovierungen in den alten Gebäuden und Dienstwohnungen und auch mehr Geld für Lehr- und Lernmittel, so erlebten sie schon während des Krieges viel Not und Entbehrung, und nach dem Krieg wurde es noch schlimmer. Freie Stellen wurden bei steigenden Schülerzahlen trotz vieler Bewerber nicht besetzt, die Gehälter wurden gekürzt, die Inflation hatte die bescheidenen Rücklagen vernichtet, und die Gemeinden konnten kaum die notwendigsten Ausgaben für den Schulbetrieb bestreiten. Wegen der politischen Unruhen konnten die Menschen nur wenig Vertrauen zur Demokratie aufbauen, unter dem Kaiser war alles besser gewesen, ein „starker Führer" sollte für Ordnung sorgen. Gewohnt, Zeitungsberichte und Rundfunkreden als wahr aufzunehmen, waren sie der Propaganda und den Versprechungen des Führers ausgeliefert und merkten wohl auch bald, dass Widerspruch selbst im privaten Kreis nicht ungefährlich war, schließlich waren sie alle auf Treue gegen den Führer vereidigt und konnten die wirtschaftliche Versorgung der Familie nicht in

Gefahr bringen. Ein Erlass von 1935 für die höheren Lehranstalten, der sicher in ähnlicher Form auch für die Volksschulen Geltung hatte und den alle Lehrer zur Kenntnis nehmen mussten, lautete: „Ich erwarte auf das Bestimmteste, daß jeder Lehrer und Erzieher... inner- und außerdienstlich ... alles vermeidet, was den Anschein der Kritik an den führenden Männern und Einrichtungen des nationalsozialistischen Staates erwecken kann..

Ich weise Leiter und Leiterinnen aller mir unterstellten höheren Lehranstalten mit allem Nachdruck erneut darauf hin, daß sie sich einer schweren Verletzung der Amtspflicht schuldig machen, wenn sie mir nicht über jeden Fall staatsfeindlichen Verhaltens an ihrer Schule . . . augenblicklich auf dem Dienstweg Bericht erstatten.“[2]

Für die weiteren Monate des Jahres 1933 sollen nun die Veränderungen im Schulbetrieb in Beispielen dargestellt werden.

1933 – Zweite Jahreshälfte

Herzhorn:

„Am 27. Mai wurde in der Schule die angeordnete Schlageter-Feier abgehalten bei welcher in Klasse 1 das Leben und Werk gezeichnet wurde.“ (Chronik Herzhorn, Schröder[3])

Die gleiche Feier wird auch in einigen anderen Chroniken erwähnt. Anschließend gab es schulfrei. Ab 1934 wird dieser Gedenktag nicht mehr erwähnt.

---

2   *Hans-Werner Erdt: Die Auguste Viktoria-Schule im "Dritten Reich", Itzehoe 2005.*

3   *„Albert Leo Schlageter (1894-1923) führte während der Ruhrbesetzung 1923 Anschläge auf Verkehrsverbindungen der französischen Truppen aus, wurde durch ein französisches Kriegsgericht zum Tode verurteilt und auf der Golzheimer Heide bei Düsseldorf standrechtlich erschossen. Das 1931 dort errichtete Ehrenmal wurde nach dem 2. Weltkrieg entfernt." (Zitat aus Großem Lexikon Brockhaus, Ausg. 1956). Für die NSDAP war Schlageter der erste Märtyrer und ein Held.*

Die nächste verordnete Feier war der Festtag der deutschen Jugend am 24. Juni. Es fanden die Reichsjugendkämpfe an zentralen Orten statt, sowie am Abend eine Sonnenwendfeier für die gesamte Gemeinde.

Herzhorn:

„Die Schule nahm an den Reichswettkämpfen in Siethwende teil. Am Abend um 9 Uhr versammelten sich auf dem Schulhof Turnverein und Schule, Schulvorstand und Elternbeirat und marschierte nach dem Sportplatz, wo gemeinsam mit der Schule am Rhin (Engelbrechtsche Wildnis) die Sonnenwendfeier abgehalten wurde, die außer dem Abbrennen des Feuers in Liedern, Reigen, Feuertanz und Ansprachen bestand. Letztere hatten die Lehrer Schröder, Junke und Götsche übernommen." (Chronik Herzhorn, Schröder)

Horst:

„Am Sonnabend, den 24. Juni, fand das Turn—und Spielfest für die Schulen des Bezirks Süd-Steinburg in Siethwende statt... Am Abend desselben Tages vereinigten sich mehr als 1000 Einwohner unseres Ortes auf dem sogenannten Muh'schen Kamp zu einer erhabenen Sonnenwendfeier, bei welcher der Unterzeichnete die Feuerrede hielt."
(Chronik Horst, Körner)

Neuendorf:

„Am 24. Juni wurde in unserer Gemeinde erstmals eine Sonnenwendfeier veranstaltet. Die Leitung lag in den Händen des Turnvereins. Zur Teilnahme wurden alle nationalen Vereine eingeladen, alle nahmen teil, alle! 1. Turnverein, Männer, Frauen, Kinder, 2. Kriegerverein, 3. Freiwillige Feuerwehr, 4. Kirchenchor Kollmar, 5. Turnverein Kollmar, 6. SA Kollmar.

Die Schule nahm vormittags 8 Uhr bis nachmittags 5 Uhr am Sportfest Süd-Steinburg in Siethwende teil.

Am Abend 8 Uhr versammelten sich die vorhin erwähnten Verbände und machten unter Vorantritt der Sorbeckschen Kapelle einen Propagandamarsch durch die Kirchenstraße, Bauernweg, Kronsnest, Müggendeich, Fleien in den Außendeich nach dem Zollberg. Nach einer kurzen Begrüßungsansprache wurde die Wendefeier mit dem Lied

„Deutschland, Deutschland über alles" eröffnet. Hierauf führte der Kirchenchor durch Preis der heimatlichen Scholle mit dem Lied „Kein schöner Land in dieser Zeit" in die Heimatstimmumg. Sodann ergriff der Turner Hauptlehrer Hölk das Wort zur Feuerrede. Grundgedanke: „Ziehe deine Schuhe aus, der Ort da du stehst ist heiliges Land", ist gesegnet und geheiligt mit dem Schweiß und Blut deiner Vorfahren, deiner Väter und Brüder. Möge die Sonnenwendfeier ein Sinnbild sein des Wiedererwachens des nationalen Gedankens, des Bewußtseins der Blutsverwandtschaft und Schicksalsverbundenheit. Die Rede fand ihren Ausklang im Horst-Wessel-Lied.

Es folgte eine Ehrung der gefallenen Helden des alten und des neuen Krieges durch zwei Minuten ehrfurchtsvolles Schweigen. Eine Dame des Kirchenchores warf den Gefallenen zu Ehren einen selbstgebundenen Kranz ins Feuer. Es folgte der Gesang „Ich hatt einen Kameraden". Nach kurzer Pause leitete der Kirchenchor über in frohe Stimmung mit dem Lied „Wer recht in Freuden wandern will". Das Fest am Feuer klang aus mit dem Treuegelöbnis ans Vaterland, in dem gemeinsamen gesungenen Lied „Ich hatt einen Kameraden". In gemeinsamem Fackelzug bewegte sich der Zug zurück über Fleien, Daten, Neuendorf. Eingetroffen 11 Uhr". (Chronik Neuendorf, Hölk)

Altenmoor:

„Am 24. Juni war die Schule mit den Kiebitzreihern und den Siethwendern dort zur Sonnenwendfeier vereinigt". (Chronik Altenmoor, Schaumann)

Die anderen Schulen berichten nicht über eine Sonnenwendfeier.
In den folgenden Monaten nehmen Berichte über Sammelergebnisse für das Winterhilfswerk und von Altmaterialien einen breiten Raum ein. Dabei war der Einsatz sehr verschieden. Während in Herzhorn, Horst und Sommerland große Mengen von Heilkräutern und Altmaterialien aller Art gesammelt wurden, beschränkten sich Bielenberg, Strohdeich, Altenmoor und Kollmar auf den Pflichtverkauf von Plaketten.
Die(Pflicht)-Mitgliedschaft aller Schüler und Lehrer in dem Verband der Deutschen im Ausland, VDA, wurde überall ernst genommen.

Die neue Schule in Borsfleth von 1904. Foto: Dorfarchiv Borsfleth, 1984.

Borsfleth:

„Auf Anregung des Vereins für das Deutschtum im Auslande wurde im November hier auch eine VDA Schulgruppe gegründet, zu der alle Schüler der Schule (93) gehören. Leiter der Schulgruppe ist der erste Lehrer. Beitragszahlende Mitglieder zuerst 43, später 35. An Beitrag wurde von den Kindern pro Monat 5 Pf erhoben. Unter Mitwirkung der Schule fanden am 26.1. und am 23.2.34 die VDA Opfertage statt. Ergebnis der Sammlungstätigkeit der Kinder 26,33 M, 31,80 M."
(Chronik Borsfleth, Hadenfeld)

Dass dieser Verband so große Bereitwilligkeit fand, ist auf die (wohl irrige?) Annahme zurückzuführen, dass damit die Deutschen unterstützt würden, deren Wohnorte nach dem Friedensvertrag nun im Ausland lagen.[4]

4   *„Verein für das Deutschtum im Ausland, VDA, wurde 1908 der Name des seit*
     1881 bestehenden Allgem. Dt. Schulvereins für das Deutschtum im Ausland,
     der sein Vorbild in dem 1880 in Wien gegr. Dt. Schulvereins hatte. Seine Ziele
     waren die „Erhaltung des Einheitsgefühls in der ganzen Nation, gegründet auf

Zur deutschen Politik findet sich nur in der Chronik Neuendorf eine längere Darstellung.

Neuendorf:

„Deutschland bekennt sich zum Wehrgedanken und organisiert
- DJ = Deutsches Jungvolk   = 10 – 15 Jahre
- HJ = Hitlerjugend   = 15 – 18 Jahre
- SA/SS   = 18 – 35 Jahre
- SA Reserve   = über 35 Jahre
- SA Reserve 2   = über 45 Jahre

Kampf gegen die Arbeitslosigkeit: Ergebnis 2 000 000 sind in Arbeit.

Außenpolitisch: Deutschland tritt aus der Abrüstungskonferenz und anschließend aus dem Völkerbund aus. Grund: Alle umliegenden Völker starren in Waffen, für Deutschland gibt es nur zwei Möglichkeiten, entweder alle anderen Staaten rüsten mit ab, wie es Deutschland im Vertrag von Versailles zugesichert ist, oder Deutschland rüstet mit auf. Dieser Rechtsstand wird vom Völkerbund abgelehnt. Deutschland zieht daraus die Konsequenz und tritt aus dem Völkerbund aus."

(Chronik Neuendorf, Hölk)

Das hört sich eigentlich plausibel an, zeigt aber, wie geschickt die Parteipropaganda die Meinung beeinflusste. Es war im Vertrag von Versailles Deutschland eine Reichswehr von 100 000 Mann erlaubt. Aber die vormilitärische Ausbildung des Nachwuchses auf breiter Front in HJ, SA und SS erregte (mit Recht) Besorgnis bei den Staaten jenseits der deutschen Grenzen, vor allem bei Frankreich, und daher wollte man al-

die deutsche Muttersprache und dt. Bildung, wo immer sie gefährdet erscheint"
(Fr.Teutsch) . Seine Arbeit galt besonders der Errichtung dt. Schulen, wo sie auf
öffentl. Kosten nicht erreicht werden konnte. Nationalistischen Bestrebungen
abhold, betrieb der VDA eine vom Nationalstaatsdenken freie Volkstumsar-
beit, die bes. nach 1918 im Dienst eines neuen Volksbewußtseins stand. Der
Nationalsozialismus, der ihm den Namen Volksbund für das Deutschtum im
Ausland gab, beraubte ihn 1938 unter Verfälschung des Volkstumsbegriffs seiner
Unabhängikeit." Brockhaus 1957.

lenfalls einer nach einer vierjährigen Übergangszeit Deutschland volle Gleichberechtigung zubilligen.[5]

Der Schulalltag verlief, abgesehen von den "nationalen" Feiern mit Rundfunkübertragungen und vorzeitigem Unterrichtsschluss wie vorher. Man feierte das traditionelle Kinderfest und unternahm die üblichen Ausflüge und Wanderungen in die Umgebung. Sehr einschneidend war das Verbot der traditionellen Weihnachtsfeiern der Schulen, die vor allem in den kleinen Gemeinden ein Fest für das ganze Dorf waren und lange Vorbereitung erforderten. Der Umgang mit diesem Verbot war sehr unterschiedlich. Die Chroniken Herzhorn, Bielenberg, Sommerland, Engelbrechtsche Wildnis, Neuendorf und Kollmar enthalten keinen Kommentar, erwähnen keine Feier.

Horst:

„Am 16. Dezember veranstaltete unsere Schule einen Unterhaltungsabend. Da inzwischen öffentliche Weihnachtsfeiern durch Verfügung des Regierungspräsidenten untersagt wurden, beschloss das Kollegium, den dritten Teil des Programms fallen zu lassen, und als Ersatz den Vortragskünstler Hans Fleischer – Altona zu gewinnen, der dann auch eine Stunde lang die Zuhörer durch seine hervorragende Vortragswei-

---

5   *„Die Abrüstungskonferenz in Genf (seit 2. Februar 1933), die die militärische Gleichberechtigung Deutschlands verwirklichen sollte, geriet ins Stocken, da Frankreich jetzt mehr als zuvor auf seine Sicherheit bedacht war. Waren die Riesenheere der SA, SS und des Stahlhelm nicht eigentlich militärische Verbände, so daß Deutschland schon weit über das in Versailles vorgesehene Maß aufgerüstet war?..*
Im Herbst 1933 schlug der britische Außenminister auf der Abrüstungskonferenz einen Kompromiß zwischen der deutschen und der französischen Auffassung vor, demzufolge Deutschland erst nach einer vierjährigen Übergangszeit voll gleichberechtigt sein sollte. Dazu erklärte Hitler am 14. Okt. „Da die deutsche Reichsregierung in diesem Vorgehen eine ebenso ungerechte wie entwürdigende Diskriminierung des deutschen Volkes erblickt, sieht sie sich außerstande, unter solchen Umständen als rechtlose und zweitklassige Nation noch weiterhin an den Verhandlungen teilzunehmen, die damit nur zu neuen Diktaten führen könnten".
Walter Tormin: Die Weimarer Republik, Hannover 1986.

se erfreute. Der Abend, der von annähernd 300 Personen besucht war, brachte einen Reinertrag von 51,55 M." (Chronik Horst, Körner)

Strohdeich:

„Diesmal fand die Weihnachtsfeier „mit Hindernissen" statt. Klasse 1 hatte die Aufführung „In den Zwölften" schon eingeübt, Klasse 2 das Märchenspiel „Die Weihnachtseisenbahn", als kurz vorher der strikte Befehl kam, jede Weihnachtsaufführung hätte zu unterbleiben. Damit war die rege, freudige Arbeit zu Weihnachten wie mit kaltem Wasserstrahl gelöscht. Als dann in gemilderter Form nur Aufführung und Bescherung unter brennendem Lichterbaum verboten wurde, wurde die Lust zur Aufführung ein klein wenig angefacht. Es stand nun kein Lichterbaum und Rupprecht erschien nicht. Überschuß wegen Anschaffung zweier Stücke nur 10,55 M." (Chronik Strohdeich, Brundert)

Altenmoor:

„Am 9. Dezember war der erste Unterhaltungsabend in diesem Winter, geboten wurde das Theaterstück „Das Abenteuer im Walde", Schattenspiele und Reigen. Der Besuch war gut, Einnahme aber nur 3 Mark." (Chronik Altenmoor, Schaumann)

In späteren Jahren wird teilweise ein „Kerzenfest" (Herzhorn) oder ein „Märchenabend" in der Adventszeit erwähnt. Zum Abschluss des Jahres 1933 der Kommentar aus Borsfleth.

Borsfleth:

„Auf allen Gebieten macht sich ein starker Aufbauwille bemerkbar, die Arbeitslosigkeit nimmt spürbar ab. Langsam beginnt man auch in Borsfleth den Anbruch einer neuen Zeit zu spüren. Die Beteiligung an den nationalen Feiertagen nimmt zu; obgleich es noch immer Volkskreise, Kleingeister und Meckerer gibt, zeigte das Winterhilfswerk in Borsfleth sehr gute Ergebnisse. Beide Lehrer sind ehrenamtliche Leiter in NSV und im WHW. Auch sind sie seit Oktober/November 33 Angehörige der NSA Standarte, der 1. Lehrer als Scharführer."
(Chronik Borsfleth, Hadenfeld)

1934

Deutlich war in dem zweiten Jahr der Diktatur Normalität eingekehrt. Die nationalen Feier- und Gedenktage, zumeist mit Rundfunkübertragung werden von den meisten Schulen erwähnt.

Aus Borsfleth und Horst nahmen Lehrkräfte am Reichsparteitag in Nürnberg teil. Aus Horst fuhren am 3. Februar alle Lehrkräfte zum großen Aufmarsch des Nationalsozialistischen Lehrerbundes nach Kiel. Die Propaganda erreichte die größeren Schulen auch über Filmvorführungen:

Horst:

„Am 13. März besuchten mehr als 100 Kinder den „Horst Wessel Film" im Stadttheater in Elmshorn... Am 7. September wurden unseren Schülern durch die Gaufilmstelle der NSDAP zwei Filme vorgeführt und zwar: 1. Streiflichter aus der Bewegung der NSDAP im Gau Schleswig-Holstein, 2. Arbeit bricht Not, Arbeit bringt Brot."1936: Kriegsfilm Stoßtrupp 1917". (Chronik Horst, Körner)

Auch von den kleinen Schulen werden in den nächsten Jahren Filmvorführungen erwähnt, aber dort finden sich keine Propagandatitel sondern eher Lehrfilme. Es gab die Möglichkeit, ein gemeinsam von mehreren Schulen angeschafftes Vorführgerät reihum einzusetzen.

Horst:

„Am 31. August wurden sämtliche Lehrkräfte von Horst und Umgebung im Zeichensaal unserer Schule durch Schulrat Ehlers auf den Führer und Reichskanzler Adolf Hitler vereidigt." (Chronik Horst, Körner)

Neuendorf:

„Am 15. Mai veranstaltete die Ortsgruppe der NSDAP Südholstein eine Zusammenkunft zwischen den Mitgliedern der Ortsgruppen und den Studenten (die ihr Praktikum an den Schulen des Kreises ableisteten.) Herr Schulrat Ehlers und der Herr Dozent, dazu die Lehrer unseres Bezirks waren eingeladen.Tagesordnung: Wanderung auf Pagensand und Beisammensein im Fährhaus. Die Wanderung stand unter fachkundiger

Führung des Heimatforschers Herrn Schulrat Ehlers. Das zwanglos frohe Beisammensein zeigte die schöne Harmonie zwischen allen beteiligten Lehrkräften, Studenten und Dozenten. Während seines Aufenthaltes in Glückstadt hielt Herr Dozent Schmidt eine öffentliche Singstunde in Glückstadt ab, an der der hiesige Kirchenchor teilnahm." (Chronik Neuendorf, Hölk)

Kollmar:

Keine Angaben zum Thema.

Der Schulrat Wilhelm Ehlers, geb. 1877, war seit 1923 Schulrat im Kreis Steinburg. Er hat hier offensichtlich eine Tagesordnung ohne Politik veranstaltet.
Die Chronik der Schule Strohdeich endet 1934.
Die Chronik Altenmoor endet 1936 mit Versetzung Lehrer Jühnke

1935

Herzhorn:

1935,1936 keine Angaben

Bielenberg:

1935,1936 keine Angaben

Engelbrechtsche Wildnis:

keine Angaben, Lehrerwechsel

Borsfleth:

„Das Jahr 1935 brachte dem deutschen Volke wiederum eine neue Großtat unseres Führers, die Einführung der allgemeinen Wehrpflicht durch das Wehrgesetz vom 16. März 1935, damit die Lösung von den Fesseln des Versailler Diktats, eine Tat, die jedes rechte deutsche Soldaten- und Frontkämpferherz höher schlagen ließ. Wieder sah man, wie so oft vor dem Kriege, in den Sommermonaten freudig gestimmte und blumengeschmückte junge Leute von den Musterungen in ihre Dörfer heimkehren, durften auch sie doch ihre junge Kraft im Dienst des Vaterlandes üben, zuerst im friedlichen Aufbau im Arbeitsdienst, dann mit der Waffe. Im Herbst rückten dann die ersten Rekruten in ihre Kasernen ein – Deutschland ist wieder stark geworden und kein Feind sollte es wagen, seine Grenzen anzutasten und seinen Frieden zu stören. Auch ich meldete mich freiwillig zu einer Reserve-Offiziersübung, wurde untersucht, noch für tauglich befunden und warte nun auf meine Einberufung.

Der erste Lehrer machte vom 24.8. bis 1.9. beim I/IR26 seine Außenfeldübung als Reserveoffizier.

Die Hitler-Jugend-Bewegung setzte sich auch in unserem Dorf durch. Durch Entgegenkommen und Unterstützung durch NSV und die Stützpunktleitung der NSDAP bei der Beschaffung von Uniformstücken gelang es mir, alle 14/15 Jährigen bis auf drei Mädchen einer Familie zum Eintritt ins Jungvolk und in den BDM zu bewegen, so daß am Staatsjugendtag nur drei Mädchen zum Unterricht der Oberstufe kommen." (Chronik Borsfleth, Hadenfeld)

Ein anderes Ereignis des Jahres 1935 erwähnen mehrere Chroniken.

Borsfleth:

„Aus Anlaß der Rückgliederung der Saar am 1.3.35 fand in der Schule eine Befreiungsfeier statt." (Chronik Borsfleth, Hadenfeld)

Sommerland:

„Das Jahr beginnt mit einem frohen Ereignis. Am 13. Januar bekennt die Saarbevölkerung sich zu Deutschland. Anläßlich diesen frohen Ereignisses erlebt die Schule am 15.Januar Die Freude des deutschen Volkes am Rundfunk." (Chronik Sommerland, Knust)

Horst:

„Am 15. Januar wurde des überwältigenden Abstimmungssieges an der Saar in einer eindrucksvollen Feier gedacht. Im übrigen fiel der Unterricht aus. Am 1. März versammelten sich die drei oberen Klassen im Zeichensaal, um den Tag festlich zu begehen, an dem unsere Schwestern und Brüder von der befreiten Saar zum Reich heimkehrten. Einige

Saarkinder, die in der hiesigen Gemeinde zur Erholung untergebracht waren, nahmen an der Feier teil." (Chronik Horst, Körner.)

Neuendorf:

„Saarabstimmung. Mit großer Spannung wurde auch in Neuendorf die Arbeit zur Saarabstimmung verfolgt und das Ergebnis mit großer Freude aufgenommen.

Am 1. März veranstaltete Neuendorf eine Saarkundgebung. Eingeladen waren sämtliche Organisationen: Kriegerverein, Feuerwehr, Turnverein, HJ, BDM, Bund der Kriegsbeschädigten sowie die ganze Gemeinde. Eingeleitet wurde die Feier von Deklamationen von Schülern der hiesigen Schule, Liedern, gemeinsamen Gesang und Festrede. Ein Festzug durch das Dorf schloss sich an, die Häuser erstrahlten im Lichterglanz. Nach dem Festzug Ansprachen am Kriegerdenkmal und auf dem Schulhof." (Chronik Neuendorf, Hölk.)

Strohdeich:

Keine Angaben, Chronik endet 1934.

Altenmoor:

Keine Angaben, Chronik endet 1936, später Nachtrag.

Kollmar:

Keine Angaben

Die jährlichen Ausflüge hatten teilweise parteipolitisch beeinflusste Ziele.

Borsfleth:

„Auf einer Wanderfahrt nach Kiel am 17.9. der Oberklasse wurde das Altertumsmuseum und nach einer Hafenrundfahrt auch das Marine-Ehrenmal in Laboe besichtigt. Dort erlebten die Kinder auch den Aufbau unserer jungen Kriegsmarine und der Luftwaffe, sahen die erste U-Bootflottille unserer neuen Wehrmacht. Schulausflug 1936 nach Ostholstein – Lübeck – Reichsautobahn." (Chronik Borsfleth, Hadenfeld)

Schule in Bielenberg. Foto: Ortsarchiv Horst, ohne Jahr..

1936

Herzhorn:

Keine Angaben zum Thema

Bielenberg:

„Am Staatsjugendtag besuchten nur 17 Schüler den Unterricht, 12 Mädchen und 5 Knaben, dem Jungvolk gehörten 17 Knaben, dem BDM 5 Mädchen an." (Chronik Bielenberg, Gerts)

Borsfleth:

„Am Neuendeich bei Glückstadt war 1935/36 eine Kaserne errichtet worden, die zu Beginn des Juli mit einer Schiffsstammabteilung belegt wurde.

Vom 11. bis 13. Juni nahm der erste Lehrer an einer Singetagung in Lunden teil, war Anfang August 14 Tage in einem Lehrerlager und vertrat die Ortsgruppe der NSDAP auf dem Reichsparteitag in Nürnberg.

Vom 9. bis 15. September Schulausflug nach Ostholstein – Lübeck – Reichsautobahn. Im März besuchte die Oberklasse die Flieger-Ersatzabteilung in Ütersen, wo ihr Major Kunstflüge vorführte."
(Chronik Borsfleth, Hadenfeld. Letzte Eintragung Hadenfeld)

Sommerland:

„Richtungsweisend für die Jugendarbeit waren die großen politischen Ereignisse des Jahres. Bei der Wahl im März stellte sich auch die Einwohnerschaft unserer Gemeinde geschlossen hinter seinen Führer. Die zweijährige Dienstpflicht bei der Wehrmacht wird wieder eingeführt. Ein zweiter Vierjahresplan wird aufgestellt."
(Chronik Sommerland, Knust)

Engelbrechtsche Wildnis:

Keine Angaben zum Thema

Horst:

„Am 20. April wurde der Geburtstag unseres Führers in schlichter würdiger Weise gefeiert.

Am Morgen des 1. Mai versammelten sich die verschiedenen Formationen der Hitlerjugend und die 15 noch nicht organisierten Schüler der Oberstufe auf dem hinteren Schulhof, um über den Rundfunk die Übertragung der Jugendkundgebung aus Berlin zu hören."
(Chronik Horst, Körner)

Neuendorf:

„Am 12. September hörte die Schuljugend gemeinsam die Führerrede „An die deutsche Jugend" aus Nürnberg". (Chronik Neuendorf, Hölk)

Kollmar:

„Da mehr als 90 % der für die Hitlerjugend in Frage kommenden Schüler der Hitlerjugend angehören, wurde am 27. Januar von dem zuständigen Gebietsführers der Antrag auf Hissung der HJ-Fahne am Schulgebäude gestellt. Am 25. März fand die Übergabe und erste Hissung der HJ-Fahne im Beisein der Schüler und sämtlicher HJ Gliederungen statt. Verlauf der Feier: Aufmarsch sämtlicher Teilnehmer, Lied: Siehst du im

Das alte Schulgebäude in Kollmar. Foto: Ortsarchiv Horst, ohne Jahr.

Osten.., Ansprache des HJ-Führers zur Übergabe der Fahne, Flaggen-hissung, Fahnenspruchworte des Schulleiters, Lied, Abmarsch."
(Chronik Kollmar, Möller)

Die olympischen Spiele vom Jahr 1936 werden in keiner Chronik er-wähnt, was mich verwundert, denn es gab immerhin in einigen Ge-meinden einen Turnverein.

1937

Herzhorn:

keine Angaben zum Thema.

Bielenberg:

keine Angaben zum Thema.

Borsfleth:

keine Angaben zum Thema, erst wieder Nachtrag 1939.

Sommerland:

„Die Jugendarbeit steht im Zeichen des zweiten Vierjahresplanes. Deutschland muß wegen Rohstoffmangels sämtliche Altmaterialien sammeln und sparsam umgehen mit Dingen, die nur aus Auslandsmaterialien hergestellt werden können. Die Schule arbeitet mit an der Durchführung dieses Planes.

Am 1. Mai wurde das Maifest gefeiert. Zum ersten Male nach langen Jahren wurde wieder, am Vorabend, in unserer Gemeinde ein Maibaum errichtet. Ein Maikönig und eine Maikönigin wurden gewählt. Am 18. Mai wird der Tag des deutschen Volkstums in der Schule gefeiert. Am 25.Oktober nahmen Lehrer und Schüler an einem Vortrag in Siethwende teil. Thema: Die baltischen Staaten vor und in dem Kriege."

(Chronik Sommerland, Knust)

Engelbrechtsche Wildnis:

keine Angaben zum Thema.

Horst:

„Der Tag, an dem vier Jahre seit der Machtübernahme durch unseren Führer verflossen waren, wurde in der Schule festlich begangen. Im Mittelpunkt die Übertragung einer Schulfeier aus Berlin, bei der der Reichsminister Dr. Göbbels sprach.

Am 20. April wurde zum Geburtstag des Führers eine festliche, eindrucksvolle Schulfeier veranstaltet. Im übrigen fiel der Unterricht aus.

Am 11.September nahmen die Schüler der oberen Klassen durch den Rundfunk am Aufmarsch der Hitlerjugend in Nürnberg teil.

Beim Tag des deutschen Volkstums, der hier am 15. September durch eine öffentliche Feier im "Deutschen Haus" festlich begangen wurde, wirkten Schüler und Schülerinnen der oberen Jahrgänge durch gesangliche und turnerische Darbietungen mit." (Chronik Horst, Körner)

Neuendorf:

„Am 20. April fand in allen drei Klassen eine schlichte Feier aus Anlaß des Geburtstages unseres Führers statt. Auf der Oberstufe wurden Bilder aus dem Leben des Führers umrahmt von Deklamationen und Liedern. Den Schluß der Feierstunde bildeten das Horst-Wessel-Lied und das Deutschlandlied.

Am 1.Mai ist nationaler Feiertag. Häuser und Pforten sind mit jungem Grün, mit Maibusch geschmückt. Das schaffende deutsche Volk feiert den Einzug des Frühlings, den Segen der nationalen Arbeit, die Geburt der neuen Volksgemeinschaft. Alle Schranken, die Klassengegensätze in der Systemzeit unter dem deutschen Volke aufgerichtet hatten, sind gefallen." (Chronik Neuendorf, Großkreuz)

Kollmar:

Keine Angaben zum Thema

1938

Herzhorn:

Keine Angaben zum Thema

Bielenberg:

Keine Angaben zum Thema

Borsfleth:

Keine Angaben zum Thema

Sommerland:

„Der 29. Januar war schulfrei wegen der Machtübernahme. Der 16.März war ebenfalls schulfrei wegen des Anschlusses Österreichs. Am 20. April war schulfrei zum Geburtstag des Führers.

Vom 15. September bis zum 24. Oktober wurde ich zu einer Wehrmachtsübung einberufen. Ich nahm beim ART.Reg 20 an der Befreiung des Sudetenlandes teil. Am 9. November schulfrei für die Gedächtnisfeier der Gefallenen." (Chronik Sommerland, Knust)

1939

Engelbrechtsche Wildnis:

„Das Jahr 1938 und der Anfang des Jahres 1939 brachten unserem Vaterland Ereignisse von weltgeschichtlicher Bedeutung. Österreich, Böhmen, Mähren und Memelland wurden mit dem Reich vereinigt. Mit Begeisterung folgten die Kinder in der Schule dem politischen Geschehen, das der großdeutsche Rundfunk ihnen in Berichten und Feierstunden vermittelte. Zur Feier der großen Tage fiel laut Verfügung des Ministers einige Male der Unterricht aus. Das steigerte die Freude der Jugend zu hellem Jubel. Von ganzem Herzen gelobten die Kinder Dankbarkeit und Treue dem Führer, der Deutschland so groß und stark gemacht hat." Chronik Engelbrechtsche Wildnis (Rhinschule), Hornuß)

Horst:

„Am 29. Januar fand eine schlichte Feierstunde statt unter dem Leitwort: 5 Jahre Nationalsozialismus.

Am 16. März hatten die Kinder einen schulfreien Tag, weil die deutschen Brüder in Österreich in die Gemeinschaft des Reiches aufgenommen waren.

Am 1. Mai hörte das Jungvolk im Zeichensaal der Schule die Übertragung der Jugendkundgebung im Stadion der Reichshauptstadt. Am 14. Mai hörten unsere Kinder vom Deutschlandsender eine Übertragung zum Muttertag.

Am Nachmittag des 27. August fuhren die Schüler der drei oberen Klassen nach der Nordoer Heide, um den Übungen der Wehrmacht, die im Rahmen der Itzehoer Festwoche stattfanden, beizuwohnen. Die Erstürmung von „Itzedorf" macht einen gewaltigen Eindruck auf sie. Am 9. November hörten die Schüler im Rahmen einer schlichten Feier eine Rundfunkübertragung aus München. Am 23. November sahen die

Schüler den Schulpflichtfilm „Unternehmen Michael", der einen trefflichen Eindruck in die Arbeit des Generalstabs bei dem großen Völkerringen gab." (Chronik Horst, Körner)

Neuendorf:

Keine Angaben zum Thema

Kollmar:

Keine Angaben zum Thema

Im Jahr 1939 enthalten die Chroniken, abgesehen von den Daten der Pflichtfeiern, keine Kommentare zu den ersten acht Monaten. Erst der Beginn des Krieges wird von fast allen thematisiert. Die Zeit von 1939 bis 1945 wird Gegenstand einer neuen Darstellung im zweiten Teil dieses Referates sein.

Schlussbemerkung

Die mitgeteilten Berichte aus den Chroniken geben trotz der beschränkten Zahl von Quellen einen guten Einblick in die Haltung der Chronisten zur Diktatur. Wurde in den ersten beiden Jahren überwiegend Zustimmung laut, teilten sich dann zwei Lager auf, die weiterhin Überzeugten, und die zunehmend vorsichtig Sachlichen und bald Verstummenden. Auch die Einstellung zu den neuen Jugendverbänden war uneinheitlich, die einen klagten, dass nicht alle Kinder eingetreten waren, die anderen, dass etliche Kinder wegen der Unternehmungen der HJ dem Unterricht fern blieben. Sicher hat auch ein Rolle gespielt, dass der allseits geschätzte Schulrat Wilhelm Ehlers, der nicht Parteimitglied war, 1936 des Dienstes enthoben, zunächst bedroht, aber dann vorzeitig in den Ruhestand versetzt wurde. Ein sehr engagiertes Parteimitglied, Rektor Seeler aus Schleswig, Gaugeschäftsverwalter im Gauamt für Erzieher in Schleswig übernahm 1937 das Schulamt.

Das althergebrachte Veranstaltungsprogramm der Schulen bestimmte, vor allem in den kleinen Schulen, weiterhin das Schuljahr, Ausflug, Vogelschießen, „Unterhaltungsabende".

Ein zunehmender Einsatz für die „große Sache" fällt vor allem in der einzigen größeren Schule in Horst auf. Das lässt sich durch das größere und wohl überwiegend zustimmende Kollegium – eine Lehrerin fuhr schon früh zum Reichsparteitag nach Nürnberg – erklären. So konnte es sich der Schulleiter sicher nicht leisten, z.B. angeordnete Gedenktage zu übergehen.

In den kleinen Schulen war die Bevölkerung froh, wenn es überhaupt einen Lehrer gab, vielleicht wurde dort der Lehrer auch noch eher geachtet und ein guter Unterricht war den Eltern wichtiger als der aktive Einsatz für die Politik. Schon in Schulen mit zwei Lehrern konnte es bei unterschiedlicher Einstellung schwierig werden.

Mit dem Beginn des Krieges veränderte sich das Schulwesen erheblich. Etliche Lehrer wurden sofort eingezogen, die freien Stellen konnten nicht besetzt werden. Einige kleine Schulen wurden geschlossen, was für die Kinder weitere Wege bedeutete. An anderen Schulen wurde der Unterricht schichtweise verkürzt erteilt. Die Chronisten beschreiben vorrangig die örtlichen Probleme.

Krieg in Deutschland

In Fortsetzung der Arbeit über die Zeit ab 1933 sind nun der Krieg und seine Auswirkungen bis zum Ende 1945 das Thema. Ich zitiere in der vorigen Reihenfolge die Chroniken Herzhorn, Bielenberg, Borsfleth, Sommerland, Engelbrechtsche Wildnis, Horst, Neuendorf und Kollmar. Die Chronik Strohdeich endet leider schon 1934, und die Chronik Altenmoor bricht 1934 ab, enthält aber eine spätere Zusammenfassung der Kriegszeit und setzt 1946 bis zur Auflösung der Schule 1960 wieder ein.

Der Kriegsbeginn wirkte sich sofort auf die Schulen aus, weil etliche Lehrer eingezogen wurden und nicht ersetzt werden konnten. Die bis 1939 zweiklassigen Schulen wurden mit mehr als 50 Kindern einklassig. Hinzu kamen Kohlenmangel in dem sehr kalten Winter 39/40 und Mangel an Unterrichtsmaterial, Fibeln, Heften, Tafeln und Stiften.

1939

Herzhorn:

„Am 1. September brach der Krieg aus. Alle Bemühungen des Führers, den Frieden zu erhalten, waren gescheitert. In den letzten Tagen des Monats August die ersten Einberufungen gedienter und ungedienter Mannschaft. Die ersten Gestellungsbefehle wurden durch Eilboten in der Nacht zugestellt. In der Bevölkerung ist eine ruhige, besonnene Haltung wahrzunehmen ohne laute Kriegsbegeisterung. Im September wurden aus dem Amtsbezirk 75 Männer eingezogen, die Zahl stieg im Dezember auf 95. Von 60 Kameraden der Kriegskameradschaft wurden 412 Mark für Liebesgaben gesammelt." (Chronik Herzhorn, Schröder)

Bielenberg:

„Als im August der Polenfeldzug begann, wurde die Schule auf Anordnung der Behörde wieder geschlossen. (1.-14. Sept) Nachdem Herr Lehrer Bütow zum Kriegsdienst bei der SS eingezogen war, wurden die beiden Klassen zusammengefaßt und als einklassige Schule weitergeführt, (52 Kinder)". (Chronik Bielenberg, Gehrt)

Borsfleth:

„In der Zeit vom Ausbruch des Krieges bis Januar 1944 war die Schulchronik verlegt. Die Nachtragung erfolgt ab Januar 1944. Mit dem Ausbruch des 2. Weltkrieges wurde Lehrer Hadenfeld als Oberleutnant eingezogen; kurze Zeit später wurde er zum Hauptmann befördert." (Chronik Borsfleth, Renz)

Sommerland:

„Der zweite Weltkrieg begann am 27. August, am dritten Mobilmachungstag mußte ich in Heiligenstedten einrücken. Am 31. August rückten wir aus nach dem Westen. Den Unterricht nahm am 13. September eine Studentin, Fräulein Anneliese Trost, als Praktikantin auf. Herr Schulrat Seeler erschien am 20. und 28. September, um sie anzuleiten. Am 30. September kehrte sie an die Hochschule zurück. Vom 1. Oktober bis 6. November besuchten die Kinder die Schule in Süder-

Die Schule in Grönland. Foto: Ortsarchiv Horst, ohne Jahr.

au. Am 6. November übernahm Lehrer Ribke, der inzwischen von der Wehrmacht entlassen war, die Schulen Sommerland und Kamerland. Der Unterricht wurde in Kamerland erteilt. Am 5. Januar wurde ich wegen eines Herzleidens von der Wehrmacht enlassen." (Chronik Sommerland, Knust)

Engelbrechtsche Wildnis:

„1939 wurde die Schule trotz Protestes mit 52 Kindern einklassig". (Chronik Engelbrechtsche Wildnis, Hornuß.)

Horst:

Zum Kriegsbeginn wird lediglich die Verlängerung der Sommerferien bis zum 15. September erwähnt. „Die Lehrer Kjer und Lucas wurden bereits Ende August zur Wehrmacht einberufen, ebenso der Lehrer von der benachbarten Schule Grönland. Die Grönländer Schüler (19) wurden hier mit eingeschult. Für 241 Schüler waren 3 Lehrkräfte vorhanden. Neben ihrer beruflichen Tätigkeit waren die Lehrkräfte durch ehrenamtlichen Dienst durch Partei und Staat stark belastet." (Chronik Horst, Körner)

Neuendorf:

„Am 1. September wird aus der Spannung im Osten der Krieg gegen Polen. Am 3. September erklären England und Frankreich den Krieg gegen Deutschland. Dorf und Schule nahmen lebendigen Anteil am großen weltgeschichtlichen Geschehen. Rundfunk und Tageszeitungen bringen wichtige, sich überstürzende Meldungen. In der Geschichtsstunde steht das Zeitgeschehen an vorderster Stelle, und zwangsläufig wird der gesamte Unterricht – besonders auf der Oberstufe – davon beeindruckt. Im Unterrichte wurden auf der Oberstufe folgende und ähnliche Probleme durchgearbeitet:

Die Neuordnung Polens, des Führers Friedenswerk, Englands Kriegswille, Royal Oak und Republic, Wolhyniendeutsche kehren heim ins Reich." (Chronik Neuendorf, Großkreutz)

Altenmoor:

Mit Kriegsbeginn wurde Lehrer Werner Waloßek eingezogen. Der Hauptlehrer i.R. Hölk aus Neuendorf übernahm die Vertretung. Sein kurzer Bericht, wohl am Kriegsende und von anderer Hand nach Diktat geschrieben schildert Ereignisse bis zum Kriegsende, allerdings ohne Zeitangaben.

Er beginnt: „Bei Fliegerangriffen, die sich gegen Hamburg und Berlin richteten, fühlten wir uns in Altenmoor verhältnismäßig sicher."

(Chronik Altenmoor, Hölk)

Kollmar:

Keine Angaben

1940

Herzhorn:

„Es entstand ein empfindlicher Kohlenmangel. Die drei Klassen mußten in einem Raum nacheinander unterrichtet werden. Die Zahl der Einberufungen zum Heeresdienst steigt von Monat zu Monat, er betrug im Dezember 200. Einige Soldaten der älteren Jahrgänge wurden wieder entlassen. Im Juli trafen 50 Kriegsgefangene / Franzosen ein, die im Saal von Hermann Letje untergebracht wurden und bei den Bauern für die Landwirtschaft eingesetzt wurden. Sie zeigen sich im allgemeinen arbeitswillig, so daß die Bauern durchaus mit ihrer Arbeit zufrieden sind. Auch eine Anzahl Zivilpolen wurde den Bauern zugewiesen, um die landwirtschaftliche Erzeugung zu sichern. Diese Leute machen meist einen verwahrlosten Eindruck, jedoch arbeiten fleißig, freilich scheinen die Mädchen ordentliche Hausarbeit nicht zu kennen. Kriegsgefangene und Polen können die durch die Einberufung entstandenen Lücken nicht füllen. Da wird durch nachbarliche Hilfe mancher Dienst geleistet. Sie wird vielfach durch Partei und Bauernschaft geregelt. Keiner entzieht sich seiner Pflicht." (Chronik Herzhorn, Schröder)

Bielenberg:

„Die hiesige Schule war mit genügend Feuerung versehen. Nachdem im Februar ca 60 Zentner an die Schule in Kollmar abgegeben werden mußten, konnte auch hier kein voller Unterricht mehr durchgeführt werden." (Chronik Bielenberg, Gehrt)

Borsfleth:

Keine Angaben zum Thema.

Sommerland:

„Die Schulen bleiben nach Weihnachten bis Ostern geschlossen, da es an Kohlen mangelt. Die Kinder kommen jeden zweiten Tag, um sich Schularbeiten zu holen. Zum 6. April hatte ich eine Einberufung zur Wehrmacht, wurde aber am selben Tage wieder entlassen. Am 29. September 1940 fielen auf Hugo Magens Weide die ersten Bomben in unserem Schulbezirk, einige reißen beträchtliche Trichter, einige explodieren nicht. Am 25.10. fallen weitere Bomben in Grönland. Im Juli ziehen ca 30 gefangene Franzosen in Dükermühle ein. Die Franzosen arbeiten und essen bei den Bauern." (Chronik Sommerland, Knust)

Engelbrechtsche Wildnis:

„Lehrer Hornuß zur Wehrmacht einberufen." Die Schule wird zunächst geschlossen, später durch Vertretung weitergeführt. (Chronik Engelbrechtsche Wildnis)

Horst:

Außer Berichten über die vorgeschriebenen Feiern und Altmaterial-Sammlungen keine Angaben zum Thema.

Neuendorf:

„Zu Ostern wurde Lehrer Weitendorf zur Wehrmacht eingezogen. Die Schulklassen wurden zu zweien vereinigt, Oberklasse 58 Kinder, Unterklasse 61 Kinder. Vom 21. Januar fiel der Unterricht wegen Kohlenmangel aus. Es ist den Schulkindern schon zu einer Selbstverständlichkeit geworden, daß es Lebenmittel nur auf Karten gibt, sie kennen es kaum noch anders. Immer wieder erleben die Dorfkinder die große Zeit und ihr großes Geschehen. Was unsere Helden zu Lande, zur See und in der Luft für Großdeutschland erkämpfen, was Zeitung und Rundfunk dem deutschen Volke verkünden, findet in kindertümlicher Form seinen lebendigen Niederschlag in der Arbeit der Schule. Bis in den November hinein erscheinen von Zeit zu Zeit feindliche (englische) Flugzeuge während der Nacht über Neuendorf. Bei vereinzelten Großangriffen auf Hamburg waren die Nächte recht bewegt. Leuchtraketen, Leuchtspurmunition und Scheinwerfer unserer Flak illuminierten den Nachthimmel. Wieder und wieder hört man das Bellen der Flak. Dazwischen das Grollen der Schwärme. In Elmshorn heulen vorwarnend die Sirenen. Ein paarmal hat der Feind Bomben abgeworfen. In der Nacht vom 5. zum 6. Juni fielen drei Bomben in das Moor bei Raa. Ein Pferd wurde getötet, 2 andere, sowie einige Rinder und Schafe wurden verletzt. Wir haben uns die Tiere und die entstandenen Bombentrichter angesehen. Die Kinder finden manchmal Splitter von Bomben oder Flakgeschossen.

Wenn Fliegeralarm gewesen ist, sind die Kinder am nächsten Tag doch recht müde und abgespannt, aber nicht alle. Viele schlafen ruhig, ohne sich um die Luftgefahr zu kümmern. Eine Zeitlang begann der Unterricht nach nächtlichem Fliegeralarm später, aber das ist nun nicht mehr nötig. Der Mensch gewöhnt sich an alles. Übrigens nehmen die Luftangriffe an Zahl und Heftigkeit ab. Ein Blindgänger fiel bei Bahlmanns Hof nieder. Man hörte das sirrende Geräusch, die Fensterscheiben aber klirrten nicht, denn die Explosion blieb aus. In der Nähe von Raa an der Stadtgrenze Elmshorns wurde ein feindliches Flugzeug abgeschossen.

Die Schule hat keinen Luftschutzraum. Luftschutzgräben aber sind in der Marsch nicht leicht anzulegen. Die feindlichen Flieger kommen ja auch nur nachts. Tagesangriffe haben wir hier in Neuendorf noch nicht erlebt. Die Kinder wissen, daß man in Haus und Hof alle Räume sorgfältig verdunkeln muß. Das Thema Luftgefahr und Luftschutz nehmen einen breiten Raum im Unterricht ein."

(Chronik Neuendorf, Großkreuz)

Kollmar:

Keine Angaben zum Thema

1941

Herzhorn:

„Die Sammlung von Altmaterial durch die Schule wurde mit gutem Erfolg fortgesetzt; den erfolgreichsten Sammlern wurden Buchpreise überreicht.

Die ganze Einwohnerschaft, Erwachsene und Kinder verfolgten mit ganzem Interesse die schweren, aber erfolgreichen Kämpfe unserer Soldaten in Rußland. Viele Soldaten aus unserem Dorf stehen dort im Kampf an der Front, andere sind bei den Formationen hinter der Front eingesetzt. So stehen unsere Soldaten von der Krim bis nach Finnland im Kampf gegen die Bolschewisten.

Die Schule sandte zu Weihnachten an 22 Väter von Schulkindern, die an verschiedenen Fronten kämpfen, ein Weihnachtspaket. Die Kriegskameradschaft sandte an über 223 Soldaten des Amtsbezirks ein Päckchen. Da der Amtsbezirk reichlich 1600 Einwohner zählt, So ist fast 1/3 zur Wehrmacht einberufen.

Die Angriffe englischer Flieger auf unsere Gegend nahmen im Winter ab. Sprengbomben wurden im Dorf nicht abgeworfen, wohl aber mehrfach Brandbomben, so am 31.10. in Gehlensiel. Die Bomben konnten aber gelöscht werden, Schäden entstanden nicht. Dagegen wurde am Abend des 30.11. der Bumannsche Hof an der Stadtstraße durch Brandbomben getroffen und durch Feuer völlig zerstört. Bis Ende 1941 fielen im Ganzen 7 Angehörige des Amtsbezirks."
(Chronik Herzhorn, Schröder)

Bielenberg:

Keine Angaben zum Thema

Borsfleth:

„Evakuierte Kinder aus Hamburg, Duisburg und Dortmund werden in die Schule aufgenommen. Lehrer Renz blieb allein mit beiden Klassen, die verkürzten Unterricht erhielten. Das waren kriegsbedingte Umstände, die vier Jahre anhielten." (Chronik Borsfleth, Renz)

Sommerland:

„Am 7. Oktober fielen einige Bomben auf Heinrich Asbahs Land, Kamerländer Abtei. Ein Blindgänger wurde 14 Tage später gesprengt. Am 31. Oktober fielen Bomben auf Margarete Bielefelds Land. Die Bomben fielen um 23.25 Uhr. Vermutlich waren es Bomben vom Gewichte von 220 kg, 150 kg und 50 kg. Alle Bomben waren explodiert und hatten große Trichter gerissen." (Chronik Sommerland, Knust)

Horst:

„Wegen Brennstoffmangel mußte der Unterricht vom 26. Januar bis zum 17. März ausfallen.

Am 2. Mai fiel der Unterricht wegen des nationalen Feiertags aus, doch wurde wegen der Kriegsverhältnisse von jeglichen Festlichkeiten abgesehen.

Bei Luftangriffen auf Hamburg wurde unsere Gegend nicht selten in Mitleidenschaft gezogen. So stürzte in der Nacht vom 26. auf den 27. Juli ein britischer Bomber, der seine Last bereits abgeworfen hatte, und von der Flak oder Nachtjägern abgeschossen war, über unserem Orte brennend ab. Er fiel in den Winkel zwischen Bahnhofstraße und Horstheider Weg und brannte völlig aus ohne Schaden anzurichten. Drei Mann der Besatzung konnten sich durch Fallschirmabsprung retten, die beiden anderen kamen in den Flammen um." (Chronik Horst, Körner)

Neuendorf:

„Am 29. März war die Schulentlassungsfeier im Klassenraum der Oberklasse. Die Eltern der Schulabgänger waren geladen, außerdem, als Hoheitsträger der Partei, der Ortsgruppenleiter Hinrich Münster in Gehlensiel, sowie der Bürgermeister zu Neuendorf, Eduard Magens. Im geschmückten Klassenraum sangen die Kinder passende Festlieder und Lieder der Bewegung, deklamierten Sprüche und Gedichte und wurden von ihrem Lehrer, Hermann Großkreutz, durch eine Ansprache auf auf den Ernst und die Bedeutung des Tages hingewiesen und durch Handschlag auf den Führer und die Arbeitsgemeinschaft des deutschen Volkes verpflichtet.

Die Versorgung der deutschen Wirtschaft mit Öl, in Sonderheit der Wehrwirtschaft, hat es erforderlich gemacht, die Anbauflächen für Ölfrüchte erheblich zu vergrößern. Für die Marschgegenden kommt in erster Linie Raps in Frage, und wenn dieser ausgewintert ist, wird Senf angebaut. Der Raps brachte gute Erträge."
(Chronik Neuendorf, Großkreuz)

Kollmar:

Keine Angaben

1942

Herzhorn

Keine Angaben zum Thema, abgesehen von den üblichen Sammlungen.

Bielenberg:

Keine Angaben.

Sommerland:

„Im Frühjahr bekommt unser Dorf Militär. Auf Boltens Weide an Thamlings Haus wurden Baracken aufgebaut. Hierin werden Luftnachrichten und Scheinwerferbedienungsmannschaften untergebracht. Auf Greves Weide steht ein Scheinwerfer. In unserem so ruhigen Dorf herrschte in diesen Tagen lebhafter Autoverkehr." (Chronik Sommerland, Knust)

Engelbrechtsche Wildnis:

„Am 27.10. weilt Schulrat Seeler hier, um die Auflösung der hiesigen Schule wegen Lehrermangel beschließen zu lassen. Die Vertreter der Gemeinde lehnen den Antrag ab." (Chronik Engelbrechtsche Wildnis, Lange)

Horst:

„Am 18. Juli 1941 wurde wurde der Lehrer Biernd für ein halbes Jahr nach einem Lager der Kinderlandverschickung im Gau Niederdonau abgeordnet. Bevor Lehrer Biernd in den Schuldienst zurückkehrte, wurde auch Lehrer Kjer für die Zwecke der KLV abgeordnet."

Es folgen ausführliche Tätigkeitsberichte über das Leben in diesen Lagern. Sie betreuten aber keine Kinder aus dem Amtsbereich.

(Chronik Horst, Körner)

Neuendorf:

„Nach einer Verfügung des Herrn Ministers für Volkserziehung soll ab Beginn des Schuljahres 41/42 die deutsche Normalschrift als alleinige Unterrichtsschrift gelehrt und geübt werden. Aus diesem Grunde wird nun auch diese Chronik in deutscher Normalschrift geführt.

Die Jahrgänge 5,6,7,8 werden unter Führung ihrer Lehrer klassenweise eingesetzt, um grüne Erbsen zu pflücken auf den Höfen der Bauern Claus Thormählen – Dorfreihe, Carsten Dose – Fleien und Viktor Dölling – Neuendorf.

Am 23. Sept. besuchte Kreisschulrat Seeler die Oberklasse der Schule und stellte den Abbau einer Schulklasse in Aussicht. Lehrer Wilhelm Weitendorf befindet sich seit Beginn der Sommerferien, die in diesem Jahr der Erntezeit angepaßt sind und vom 31. Juli bis 9. Sept. dauern, im Dienste der erweiterten Kinderlandverschickung in Thüringen. Der Aufenthalt dort dauert voraussichtlich bis Januar 1943. Aus Neuendorf sind aber keine Kinder verschickt worden, weil sich keine gemeldet hatten." (Chronik Neuendorf, Großkreuz)

Mit diesem Eintrag endet die Chronik Neuendorf ohne Begründung. Nach Auskunft einer Einwohnerin wurde Lehrer Großkreutz auf eigenen Wunsch nach Dithmarschen versetzt.

Kollmar:

keine Angaben zum Thema

1943

Herzhorn:

„In die Zeit der Sommerferien fiel der große Luftangriff auf Hamburg, der von hier aus gut beobachtet werden konnte und von dem unser Dorf durch die eintreffenden Flüchtlinge bald in allen Einzelheiten erfuhr.

Der erste Angriff erfolgte in der Nacht vom 24.-25. Juli 1943. Der Schulleiter, dem für solchen Katastrophenfall die Unterbringung der Flüchtlinge übertragen war, war ortsabwesend und kam erst in der Nacht zum 27. Juli zurück. In seiner Wohnung hatten die ersten drei Flüchtlinge Aufnahme gefunden und weitere warteten auf dem Bahnhof auf Unterbringung. In den nächsten Tagen kamen mit der Bahn, mit Lastwagen und zu Fuß weitere Flüchtlinge an, so daß der Amtsbezirk bald 450 Flüchtlinge aus Hamburg untergebracht hatte. Sie alle hatten körperlich und seelisch schwer gelitten, viele trugen Brandwunden davon, ihre ganze Habe trugen sie in Koffern und Kisten mit sich, sie waren zum Teil völlig erschöpft. Viele hatten beim Angriff Verwandte und Bekannte verloren. Eine Familie aus Herzhorn – Reichenreihe verlor in Hamburg fünf Kinder und Enkel. So spürte unser Dorf den Schrecken des Krieges und mancher nachdenkliche Einwohner erkannte oder ahnte die Macht der feindlichen Luftwaffe. Aber die Not dieser Flüchtlinge war erst der Anfang eines fühlbaren Flüchtlingselends. Die Zerstörung der kriegsnotwendigen Städte ging planmäßig weiter. Die

Feinde rückten im Osten und im Westen an die Grenzen heran und überschritten sie." (Chronik Herzhorn, Schröder.)

Bielenberg:

„Der Unterricht litt in diesem Jahr stark unter dem Mangel an Schulbüchern. Besonders fehlten Fibeln, Schiefertafeln und Schreibhefte. Der Zeichenunterricht mußte wegen Mangel an Zeichenmaterial zeitweilig ganz eingestellt werden.

Im Schulbezirk Bielenberg, zu dem aus der Gemeinde Groß-Kollmar die Ortschaften Bielenberg, Steindeich und Schleuer gehören, waren bis jetzt 67 Leute zum Militärdienst einberufen, von denen 6 wieder entlassen wurden. Von den Eingezogenen sind bisher 5 gefallen, alle auf dem russischen Kriegsschauplatz, sowie 2 vermißt, davon einer in Afrika. Von den Gefallenen hatten wir 2 Kinder in der hiesigen Schule. Nach der Zerstörung Hamburgs in der letzten Juliwoche wurden im Schulbezirk ungefähr 200 Bombengeschädigte untergebracht."
(Chronik Bielenberg, Gehrt)

Borsfleth:

Keine Angaben zum Thema, Chronik verlegt, ab 1944 Zusammenfassung.

Sommerland:

„Nach dem Terrorangriff auf Hamburg kamen auch in unser Dorf recht viele Evakuierte. Die Gemeinde Sommerland nahm reichlich 300 Personen auf.

Am 2. August erfolgte ein Angriff auf Elmshorn. Wieder suchten verschiedene Obdachlose Zuflucht in unserer Gemeinde. Erst nach und nach zogen verschiedene ab, so daß die Zahl auf die Hälfte sank.

Am 11. Oktober morgens 4.40 Uhr brannte das Gehöft des Bauern Peter Ahsbahs vollständig nieder. Ein heller Schrei und ein roter Lichtschein in unserem Schlafzimmer weckten uns gegen 4.45 Uhr. Ein bei Ahsbahs arbeitender 22 jähriger Pole hatte das Feuer gelegt. Auf der Diele lagen einige Fuder Wallheu. Diese hatte er angezündet und war dann geflüchtet. Als ein Ukrainer das Feuer bemerkte, hatte das Feuer schon weit um sich gegriffen. Haus und Scheune standen in hellen

Flammen. Die Mobilien aus den Stuben an der Südwestseite konnten gerettet werden, alles andere verbrannte. Ein eifriges Suchen nach dem Täter blieb einige Tage erfolglos. Erst drei Tage später bemerkte Frau Albert von Leesen auf ihrem Nebenhofe eine verdächtige Person und meldete es der Polizei. Der Täter wurde von der Polizei festgenommen und der Gestapo übergeben. Am 2. November wurde der Pole auf dem Gemeindeplatz hinter Schlüters Haus von der SS aufgehängt. Zur Abschreckung waren aus den Nachbargemeinden etwa 100 Polen zugegen. Die Leiche fuhr Knüppel auf seinem Ackerwagen nach dem Süderauer Friedhof." (Chronik Sommerland, Knust,[6])

Engelbrechtsche Wildnis:

Keine Angaben

Horst:

„Während der Sommerferien trat ein besonderes Ereignis ein. In der Nacht vom 24. zum 25. Juli wurde Hamburg von starken britisch-amerikanischen Bomberverbänden heimgesucht. An Kulturdenkrnälern,

---

6   *Peter Klink lebte als ausgebombter Hamburger mit seiner Mutter auf dem Ahsbahs-Hof. Er schildert aus der Erinnerung seine Kindheit in Sommerland und berichtet auch von dem Brand:*
     „Auf unserer nächsten Station, einem Bauernhof, gab es ebenfalls zwei Zwangsarbeiter, einen Polen und – wie ich meine – einen Ukrainer, doch soll er Belgier gewesen sein. Zur Essenszeit saßen alle an einem großen Tisch: die Bauersleute, ihre Helfer, der Ukrainer (Belgier?) und wir – nur der Pole nicht. Es war streng verboten, daß Zwangsarbeiter mit Deutschen an einem Tisch saßen. Doch darüber setzte sich der Hofbesitzer hinweg. Der Grund dafür, daß der Pole abseits saß, war nicht seine Herkunft. Vielmehr war er erkrankt – es hieß an Syphilis – und aß sehr unappetitlich, so daß niemand neben ihm sitzen mochte. Eines Nachts weckten uns Rufe: „Chef, es brennt!" Wir flüchteten aus dem Haus, suchten Schutz hinter einer Waschküche und mußten zusehen, wie der schöne reetgedeckte Hof abbrannte. Von unserer geringen Habe blieb zum zweiten Mal kaum etwas übrig. Der Pole hatte den Hof angezündet, war geflohen, wurde in einer Scheune in Schönmoor aufgespürt und in Dükermühle nahe der Gastwirtschaft erhängt."
     Vereinigung ehemaliger Primaner, Jahresbericht 2015, Peter Klink.

öffentlichen Gebäuden, Schulen, Krankenhäusern und Wohnvierteln wurde großer Schaden angerichtet, namentlich durch ausgedehnte Brände, die stundenlang den Nachthimmel röteten. Dem Angriff folgten noch drei weitere Angriffe. Dem letzten fiel auch ein großer Teil unserer Nachbarstadt Elmshorn zum Opfer.

Durch die Straßen unseres Ortes bewegte sich in den Tagen vom frühen Morgen bis in die sinkende Nacht hinein ein Flüchtlingsstrom von riesigen Ausmaßen. Auf Gefährten von jeglicher Art, vom Fahrrad und Handwagen bis zum schweren Lastauto suchten die Bombengeschädigten sich und ihre etwa gerettete Habe in Sicherheit zu bringen. Hier in Horst fanden etwa 900 Zuflucht. Rechnet man diejenigen dazu, die nur für eine Nacht Unterkommen suchten und am anderen Tage weiterzogen, dürfte sich die Zahl auf rund 1500 erhöhen. Die NS-Volkswohlfahrt hatte alle Hände voll zu tun, die Flüchtlinge zu betreuen und in Privatquartieren unterzubringen. Hunderte lagerten auf dem Rasen bei der Kirche und warteten, bis sie an die Reihe kamen. Turnhalle und Schule waren als Durchgangslager eingerichtet. Im Schulhause waren sämtliche Klassenräume ausgeräumt und mit rund 200 „Luftschutzbetten" ausgestattet.

Allmählich ebbte der Strom ab. Gegen Ende der Ferien konnte das Schulhaus wieder eingeräumt werden." (Chronik Horst, Körner)

Neuendorf:

Keine Angaben

Kollmar:

Keine Angaben

1944

Herzhorn:

„Die Feinde rückten im Osten wie im Westen an die Grenzen heran, überschritten sie und nun kam im Winter 44/45 der Flüchtlingsstrom aus dem Osten, die Landleute in langen Trecks, die übrige Bevölkerung mit der Bahn aus Mecklenburg, Neustadt, Kiel u.s.w., wohin sie mit dem

Schiff über die Ostsee gelangt war. Immer dichter mußte die Bevölkerung in Schleswig-Holstein und so auch bei uns zusammenrücken." (Chronik Herzhorn, Schröder)

Bielenberg:

„Weil die Schule acht Hamburger Kinder aufnehmen mußte, stieg die Schülerzahl im Sommer auf 70. Deshalb mußte der zweiklassige Schulbetrieb (Anm.:nur ein Lehrer) beibehalten werden. Der Unterricht erlitt im Sommerhalbjahr mancherlei Störungen. Immer häufiger auftretende Fliegerangriffe namentlich in den Vormittagsstunden hatten des öfteren Unterrichtsausfall zur Folge. Außerdem litt der Unterricht stark durch den Mangel an Unterrichtsmaterial. Hefte für Aufsätze, Diktate, Niederschriften und Schönschreiben waren schwer und nie in genügender Menge zu beschaffen. Der Zeichenunterricht mußte zeitweise ganz ausgesetzt werden. Am störensten aber war das Fehlen von Fibeln und Schiefertafeln für die Schulneulinge." (Chronik Bielenberg, Gehrt)

Borsfleth:

„Eben nach Neujahr, am 6.1.44, war unser Dorf Augenzeuge einer größeren Luftschlacht. Gegen 11 Uhr gaben die Sirenen von Wewelsfleth und Glückstadt Alarm. Der Deutschlandfunk meldete:

Einflug großer Mengen amerikanischer Bomber in die deutsche Bucht.- Sie flogen gewaltig hoch und wir hätten sie kaum mit bloßem Auge erkennen können, wenn nicht die zahlreichen Kondensstreifen sie verraten hätten.

Der ganze Himmel über uns brummte und summte! Da! Unsere Jäger kommen, unterfliegen den feindlichen Verband und setzen sich von hinten auf die Spur! Die Bomber haben auch Jagdschutz mitgebracht, die wie eine gewaltige Glocke den Verband umfliegen und beschützen. Unsere Jäger setzen zum Einbruch an: -- einem, zwei -- drei gelingt es, hineinzukommen, und nun geht das Schauspiel los, man sieht die Leuchtspur, hört das Geknatter der MG, das dumpfe Dröhnen der Bordkanonen und schon nach einigen Stößen trudelt ein Viermotoriger ab, ein zweiter folgt, ein dritter, ein vierter muß sich aus seinem Verband lösen, er wird eine sichere Beute unserer Jäger! Dort platzt einer buchstäblich auseinander, die einzelnen Teile brennen lichterloh und gaukeln erdwärts, dort steigt eine Besatzung aus, weiße Punkte um die Maschine, ein Fallschirm öffnet sich nicht, mit einer immer rasender werdenden Geschwindigkeit gehts in die Tiefe, während seine Kameraden am wolkenlosen Himmel schaukelnd, dem leichten Wind folgend, langsam der Erde näher kommen. Bei Meinert auf der Weide landet einer, ein Deutscher, sein Flugzeug stürzte brennend eben nördlich der Stör im Uhrendorfer Außendeich brennend ab, die Kanzel lag hier im Außendeich auf Kahlkes Weide. Die ganze Luft ist voll von Flugzeugteilen. Wir sahen 12 Abstürze. Viele Dorfbewohner, ja wohl alle, standen in Unkenntnis der Gefahr draußen und beobachteten den Luftkampf; es war gefährlich, denn verschiedentlich wurde das Pfeifen der MG Munition gehört und die Erdeinschläge der Kugeln. Ich fand eine nicht detonierte Kugel, fingerlang, am unteren Ende kugelförmig. Verletzt wurde hier niemand, Schaden hierselbst nicht angerichtet. An diesem Tag wurden 81 amerikanische Bomber abgeschossen.

Die Luftgefahr wird größer, die feindlichen Flieger, die fast täglich unser Gebiet überfliegen, nehmen nicht nur kriegswichtige Ziele an, sie werfen die Bomben planlos. Deshalb wird von der Ortspolizeibehörde angeordnet: Sobald Alarm gegeben wird, sind die Kinder sofort zu entlassen. Kinder mit einem weiten Schulweg gehen zu solchen, die im Dorfe wohnen. Nach der Entwarnung kommt alles wieder in die Schule. Im Unterricht wird häufig über luftschutzmäßiges Verhalten gesprochen. Laut Vorschrift müssen in jeder Schule je 70 Kinder folgende Geräte sein: 10 Sandtüten, eine LS Handspritze, 2 Wassereimer, 2 Feuerpatschen, 1 Leine, 1 Einreißhaken, 1 Beil, 1 LS Apotheke. Das Papier ist geduldig, die Beschaffung unmöglich, es gibt keine Eimer, Leinen, Beile, Haken. Im Frühjahr dieses Jahres kam eine Kreiskommission aus Itzehoe, bestehend aus Pol.Hauptmann Blase, einem Bausachverständigen und Schulrat Seeler in alle Schulen, um Entscheidungen über die Unterbringung der Kinder bei Luftalarm zu treffen. Wir hatten etwa 100 Kinder. Die Privatkeller waren zu klein, auch lehnte ich jede Verantwortung für diese Unterkunftsräume ab, denn im Ernstfalle mußten wir mit einer Überflutung durch den anliegenden stets vollen Regenbach rechnen. So sollte ein Splitterunterstand jenseits der Straße angelegt werden. Bürgermeister Schröder weigert sich, und mit Recht; er vertritt den ganz richtigen Standpunkt, wenn dort eine Bombe einschlägt, so sind wir mit einem Schlage alle unsere Kinder los, denn bombensicher ist der Unterstand nicht. Er lehnt jede Verantwortung ab; nach dem Bau kommt nichts!" (Chronik Borsfleth, Renz)

Sommerland:

Der Chronist meldet lediglich den Tod von vier ehemaligen Schülern, darunter die beiden Söhne des Bauern Ahsbahs, dessen Hof im Vorjahr abgebrannt war.

Horst:

„Das neue Jahr begann mit besonders lebhafter Fliegertätigkeit. Der 5. Januar brachte ein gigantisches Schauspiel, nämlich eine Luftschlacht über der Gegend von Horst. Ein großes Geschwader der meist viermotorigen Bomber kehrte kurz vor Mittag in geschlossenem Fluge von einem Angriff auf Kiel zurück und wurde von deutschen Jägern angegriffen. Zwei der „fliegenden Festungen" wurden über Horster Gebiet zum Absturz gebracht, eine beim Bahnübergang in Horstheide, der andere in der Nähe von Grönland. Je ein Mann der Besatzung konnte sich durch Fallschirmabsprung retten. Die beiden baumlangen Kanadier wurden auf ihrem Wege zur Gemeindeverwaltung von der Bevölkerung, die in eisigem Schweigen verharrte, gebührend angestaunt. Acht Tote wurden am Rande des Tannengehölzes an der Nordseite des Friedhofes in einem gemeinsamen Grabe zur letzten Ruhe gebettet."
(Chronik Horst, Körner)

1945

Herzhorn:

Der Text beschreibt 1943-1946 zusammengefasst, vermutlich nach dem Ende des Krieges geschrieben.

„Immer größer wurde seit 1943 im Dorf die Zahl derer, die das kommende Unglück voraussahen. Als Anfang des Jahres 1945 der Volkssturm aufgeboten wurde und auf dem Schulhof oder im Gelände seine Übungen abhielt, als viele Männer von der Arbeit und größere Jungen aus der Schule gerufen wurden, um in Schleswig oder Dänemark Erdbefestigungen zu bauen, als dann im März desselben Jahres in den Straßen am Rande des Dorfes Panzersperren primitivster Art angelegt wurden, da wurden diese Maßnahmen von der Einwohnerschaft, von wenigen Ausnahmen abgesehen, nicht mehr recht ernst genommen. Immer häufiger erfolgten die Luftangriffe auf Städte und Eisenbahnen, sie flogen bei Tag und Nacht in großer Zahl über unserem Dorf dahin, bei Tage kaum gestört durch eine Abwehr. Für die Schule wurde im Januar 1944 auf dem alten Kirchhof ein Luftschutzbunker gebaut, benutzt wurden die restlichen Balken der abgebrannten Kirche und das bereits angefahrene Bauholz für den geplanten Neubau. Im April 45 häuften sich Tiefangriffe der Flieger auf die Züge; es wurden mehrfach Züge auf dem Bahnhof kurz vor oder hinter demselben angegriffen. Jedoch erfolgten die Angriffe ausschließlich auf die Lokomotiven. So haben die Häuser in der Nähe der Bahn viele Einschläge bekommen, Einwohner des Ortes wurden nicht getroffen, jedoch wurden mehrfach Reisende im Zug verwundet oder getötet." (Chronik Herzhorn, Schröder)

Bielenberg:

„Durch fast täglich sich wiederholende Fliegerangriffe wurde der Unterricht häufig gestört. Weil ein Luftschutzraum für die Schule nicht vorhanden war, mußten die Schüler meistens entlassen werden."
(Chronik Bielenberg, Gehrt)

Borsfleth:

„Das Dorf nimmt wohl 350 Flüchtlinge auf, es gibt wohl kaum ein Haus, das keine Flüchtlinge hat. Da das Heizmaterial sehr knapp ist, ordnet der Bürgermeister die Einrichtung einer Volksküche an. Die schriftlichen Arbeiten übernimmt Lehrer Renz, gekocht wird bei Evert. Am 5.2. werden die ersten Portionen ausgegeben im Klassenraum der 1. Klasse, gleichzeitig Wärmeraum. Die Einrichtung findet Zuspruch. Es gibt Eintopf, die Mahlzeit kostet 50 Pf. pro Kopf. In der ersten Woche werden 213 Portionen verteilt, in der zweiten 455, in der 12. Woche 665. Das Essen ist schmackhaft. Abgegeben werden in der Woche pro Kopf 150g Fleisch, 15g Fett, Nährmittel nach Bedarf." (Chronik Borsfleth, Renz)

Sommerland:

Lehrer Knust erkrankte, und die Chronik setzt erst im Mai 1945 wieder ein.

Horst:

Schulleiter Körner erkrankte im September 1944, er nahm noch kurz seinen Dienst auf, verstarb aber im August 1946 nach langem Krankenlager. Lehrer Biernd setzte die Chronik fort.

„Die Einflüge der feindlichen Bomberverbände verstärkten sich von Monat zu Monat, sodaß ein häufiger Unterrichtsausfall wegen Fliegeralarm eintrat. Anfang Februar trafen die ersten Flüchtlinge aus dem östlichen Reichsgebiet in Horst ein.

Seit Mitte Januar verschlechterte sich die Kriegslage für Deutschland zusehends. Vom Osten und Westen drangen die feindlichen Heere über die Grenzen des deutschen Reiches vor.

Ein gewaltiger Flüchtlingsstrom aus dem Osten des Reiches setzte ein. Im März durchfuhren einige Trecks unseren Ort. Auf ihren langen hochbepackten Leiterwagen hatten die Flüchtlinge nur einen geringen Teil ihrer Habe gerettet.

Nach hartem Kampf im Westen durchbrachen die Feinde die deutschen Kampfstellungen am Rhein und drangen schnell in deutsches Heimatgebiet ein. Mit dem Näherrücken der Front an die Elbe und Hamburg heran, veränderte sich auch unser Dorfbild. Am Eingang und Ausgang des Dorfes und bei der Post wurden Panzersperren errichtet. Bald setzte über unserem Gebiet lebhafte Fliegertätigkeit ein. Tiefflieger überflogen häufig unseren Ort und beschossen die Züge der Kieler Strecke und der Marschenbahn, sowie den Autoverkehr auf der Chaussee nach Itzehoe.

Marineeinheiten marschierten singend durch unseren Ort Richtung Itzehoe. Bald folgten auch Truppengattungen des Landesheeres. Zwischen Horst und Hahnenkamp war eine Verteidigungslinie aufgebaut worden. SS-Verbände, die diese Stellung besetzt hielten, räumten sie später kampflos. Die deutsche Wehrmacht war in Auflösung begriffen und der Zusammenbruch nahte schnell." (Chronik Horst, Biernd)

Altenmoor:

„Auch in Neuendorf fielen etwa 20 Bomben. Ein Volltreffer traf Jakob Hartmanns Haus in Fleien. Die Bewohner konnten lebend aus den Trümmern herausgezogen werden. Eine andere Bombe traf den Elbdeich in Fleien auf der Innenseite. Der Deichkamm blieb unbeschädigt. Die ein paarmal auf Altenmoor abgeworfenen Brandbomben gingen alle vorbei und haben keinen Schaden angerichtet. Unsicher wurde es in Altenmoor, als Feindflieger die fahrenden Züge, insbesondere die Lokomotiven beschossen. Täglich erschienen die Flugzeuge und kurvten über Altenmoor zu immer neuen Ansätzen auf die fahrenden Züge. Auch die Lastwagen wurden mit Bordwaffen beschossen. An der Straße Horst-Steinburg liegt eine Anzahl ausgebrannter Lastautos. Die Feindmächte erstrebten offenbar die Lahmlegung des gesamten deutschen Verkehrs- und Transportwesens und das gelang ihnen so vollständig, daß unsere Wehrmacht in den letzten Tagen vor der Kapitulation auf Blockwagen befördert wurde, die von den Bauern der umliegenden Dörfer gestellt werden mußten.

Das Ende des Krieges

Herzhorn:

„Ende April wurde der Unterricht geschlossen und das Marine-Lazarett Glückstadt belegte die Schule. Diese Belegung dauerte bis Anfang Dezember.

Ende April vernahm man in unserem Ort das Donnern der Front und Anfang Mai flüchteten über die Fähre Glückstadt-Wischhafen unsere Truppen zurück, bezogen in unserem Dorfe für kurze Zeit Quartier und zogen dann weiter nach Norden zu. Ein Aufatmen ging durch die Bevölkerung, als die Stadt Hamburg sich ergab und damit auch unserer Gegend zwecklose Opfer erspart blieben." (Chronik Herzhorn, Schröder)

Bielenberg:

„Als dann zwei Tage später die Front zusammenbrach, wurden sämtliche Schulen durch den Oberbefehlshaber der alliierten Streitmächte, General Eisenhauer, geschlossen." (Chronik Bielenberg, Gehrt)

Borsfleth:

„Am 23. April werden die Schulräume von der Militärverwaltung mit Beschlag belegt. Blitzmädel und Nachrichtenhelferinnen finden in den Räumen, in denen Betten aufgestellt werden, ihr Nachtquartier. Ein hoher Militärstab (Marine) mit einem komm. General belegt das Dorf. Die Straßen werden belebt. Tag und Nacht ist Betrieb auf den Straßen und in den Wohnungen."
(Chronik Borsfleth, Renz, Ende der Eintragungen)

Sommerland:

„Am 8. Mai kapitulierte Deutschland. Der Unterricht ruhte bis zum 8. September." Chronik Sommerland, Knust

Kollmar:

„Im Monat Juli wurde Lehrer Mohr seines Amtes enthoben.
    Am 31. August 1945 trat Hauptlehrer Johannes Möller in den Ruhestand." (Chronik Kollmar, Möller)

Altenmoor:

„Der Krieg ist zu Ende. Und was hat er gebracht?
    Deutschland ist ein großes Armenhaus geworden, mit Millionen heimatlos umherirrenden, hungernden, frierenden, verschüchterten Menschen, gemieden, ja vielleicht verabscheut von der ganzen Welt."
(Chronik Altenmoor, Hölk (Nach dem Erreichen der Altersgrenze in Neuendorf in den Ruhestand verabschiedet und anschließend in Altenmoor als Vertretung eingesetzt).)

Die Chroniken und ihre Verfasser
Herzhorn:
    Hauptlehrer Schröder 1933-1945.

Bielenberg:
    Hauplehrer Gehrt 1933-1945
Borsfleth:
    Hauptlehrer Hadenfeld bis 1939
    später Nachtrag Renz bis 1945
Sommerland:
    Hauptlehrer Coldewey 1933-1934
    Hauptlehrer Knust 1934-1945
Horst:
    Hauptlehrer Körner 1933-1945
    Vertretung Lehrer Biernd 1944/45
Engelbrechtsche Wildnis:
    1933-1936 Jünke
    1937 Taner
    ab Nov.1937 Hornuß
Strohdeich:
    Brundert bis 1934, Ende der Chronik
Neuendorf:
    Hauptlehrer Hölk 1933-1936
    Hauptlehrer Großkreuz 1937-1943
Altenmoor:
    Hauptlehrer Schaumann
    Hauptlehrer Hölck, vorher pensioniert in Neuendorf
Kollmar:
    Hauptlehrer Möller 1933-1945

Nachruf

Am 30. August 2015 verstarb nach schwerer Krankheit der Historiker Dr. Klaus-Joachim Lorenzen-Schmidt. Er gehörte zu den bekanntesten und produktivsten Historikern des Landes. Seine Arbeitsgebiete umfassten die Geschichte Schleswig-Holsteins und Hamburgs, insbesondere die Stadt-, Agrar-, Sozial- und Wirtschaftsgeschichte.

Von 1959 bis 1967 besuchte „Lori", wie er von vielen genannt wurde, das Bismarck-Gymnasium in Elmshorn. Nach dem Wehrdienst 1967/68 in Oldenburg und Idar-Oberstein studierte er von 1969 bis 1974 Geschichte, Soziologie sowie Vor- und Frühgeschichte an der Universität Hamburg. 1974 folgte der Magister in Vor- und Frühgeschichte mit einer Arbeit über das Sozialverhalten früherer Menschengruppen. 1979 wurde er in Hamburg mit einer Arbeit über die Sozial- und Wirtschaftsstruktur schleswig-holsteinischer Landesstädte zwischen 1500 und 1550 zum Dr. phil. promoviert. Von 1989 bis zum 31. Dezember 2013 war Lorenzen-Schmidt als Archivar am Staatsarchiv Hamburg tätig.

Im Kreis Steinburg macht sich Dr. Klaus-Joachim Lorenzen-Schmidt vor allem einen Namen durch seine zahlreichen Beiträge in den Steinburger Jahrbüchern. Mit seinen Vorträgen vor dem Heimatverband bereicherte er das Wissen um unsere Region.

An vielen Gemeinde-Chroniken des Kreises war er als Autor, Herausgeber oder Berater beteiligt. Von 1981 bis 1987 schrieb er zum Beispiel mehrere Ortsgeschichten. So schuf er die Ortschroniken von Grevenkop, Rethwisch, Neuenbrook und Borsfleth. 17 Jahre war er Vorsitzender unserer Detlefsen-Gesellschaft Glückstadt. Unter ihm wurden erstmalig die Vorträge der Gesellschaft als Schriftenreihe herausgegeben und damit die Forschungen der Vortragenden zur Geschichte der Region für die Nachwelt erhalten.

Sein freundliches Wesen, seine Hilfsbereitschaft und sein Engagement für die Erforschung der Geschichte machten ihn zu einem gern gesehen Gast bei vielen Veranstaltungen. Seine Vorträge waren dabei immer gleichsam lehrreich und lebendig. Dies zeichnete ihn aus.

Dr. Klaus-Joachim Lorenzen-Schmidt, Foto Carsten Petersen.

Bei seiner Verabschiedung 2013 in den Ruhestand, erzählte Prof. Dr. Peter Wulf wie er seinen Freund und Berufskollegen vor 40 Jahren kennen gelernt hat. „Er kam damals in einer Zimmermannshose, hatte ein blaues Hemd mit Streifen an und trug sein Haar offen." Er selbst sei damals noch Assistent gewesen – gekleidet mit weißem Hemd und Schlips. „Man muss ihn einfach gerne haben", sagte er zu der Freundschaft, die entstand. „Er ist ein guter Wissenschaftler, seine Beiträge sind immer handfest." Und er sei landesweit bekannt, auch bei jungen Leuten. Anders als manch ein anderer Historiker würde er „mitten im Leben stehen". Er liebe gutes Essen, sei „den Damen zugewandt" und könne sich gut Witze merken.

Der ehemalige Herzhorner Amtsvorsteher Klaus Lange würdigte ihn als jemanden, der keine Sternschnuppe sei, sondern ein Himmelskörper.

„Dat is ein Kerl", umschrieb auf plattdeutsch liebevoll Karl-Heinz Kuhlemann vom Stadtarchiv Elmshorn den beliebten Historiker.

Nach seiner Pensionierung zog Dr. Klaus-Joachim Lorenzen-Schmidt nach Rostock zu seiner Ehefrau. Dort verstarb er auch. Die Urnenbeisetzung fand dort am 5. Oktober 2015, an seinem Geburtstag statt.

Er hinterlässt ein umfangreiches Werk zur Geschichte Schleswig-Holsteins und Hamburgs. Insgesamt publizierte Dr. Lorenzen-Schmidt 463 wissenschaftliche Beiträge. Statistisch gesehen erschien seit 1979 jeden Monat ein Aufsatz und jedes zweite Jahr ein Buch aus seiner Feder. Ungezählt sind seine Vorträge.

Dr. Klaus-Joachim Lorenzen-Schmidt hat sich durch seine vielfältigen Aktivitäten für den Kreis Steinburg und für den Heimatverband verdient gemacht. Die Detlefsen-Gesellschaft wird ihn als Ehrenvorsitzenden in Ehren halten. Er fehlt uns.

C. Reimers, C. Boldt